Reflexiones

wilber Montoya

Published by wilber Montoya, 2023.

REFLEXIONES

First edition. February 28, 2023.

ISBN: 979-8215856888

Written by wilber Montoya.

Dedico este libro a mi abuela María Estilita por sus consejos que me ayudaron a crecer cada día de mi vida, Que en paz descanse abuela querida.

Tabla de contenidos

---

1.   https://www.smashwords.com/profile/view/MaigoParra

2.   https://www.smashwords.com/profile/view/MaigoParra

Tan solo una primicia de este libro:

Una crisis económica, una descomposición social, **aunado** también a una anarquía política; donde no se sabe quién pueda mandar. Si políticos corruptos, o militares que hacen las cosas mal; o quizás el grupo llamado derecha, que con bloqueos a los venezolanos nos quieren acabar. Ni hablar de las bandas criminales que están en los barrios; que extorsionan, hurtan, secuestran y hasta a los débiles nos quiere matar. Esto me hace sentir muy triste... tan triste que hasta me dan ganas de llorar. Porque el Estado es el que tiene que mantener el orden, es el que tiene que mantener la dignidad; y en vez de eso, lo que hacen es consentir al malandro (Delincuente) sin importar a quien puedan dañar. A menos que tenga un costo político o que alguno de ellos o a su familia pueda afectar, pero de lo contrario dejan todo así, diciendo <<vamos a echarle arenita al asunto; que mientras no nos afecte... no importará>>.

Agradecimientos

Dedico este libro a mi abuela María Estilita Rosales; agradeciéndole por sus consejos que me ayudaron a reflexionar durante muchos años. Descansa en Paz abuela... Te llevare siempre en mi corazón.

Prólogo

Muchas personas a lo largo de mi existencia, han llegado a mí, en busca de una solución a sus problemas. No me considero el Aristóteles de la sabiduría, mucho menos presumo de lo que se; simplemente soy una persona, amante de la lectura, que le gusta escuchar de las experiencias de los adultos; para aprender de ellos . Soy un ser humano con sus defectos y virtudes, como cualquier otra persona. Las historias que leerás a continuación, fueron hechos de la vida real, en algunos relatos, forme parte para ayudar a un extraño, un conocido o un amigo. Que se sintió en apuros, en momentos de desesperación en sus vidas.

Mis palabras sirvieron de aliento, para que no cometieran errores de los cuales tarde o temprano se pudieran arrepentir. Por otra parte este libro contiene relatos, en los que yo no participe, o serví como mano amiga; para que las personas involucradas tomaran las decisiones correspondientes, apegados a la moral y las buenas costumbres, como lo dicta el deber ser. Los hechos en su mayoría fueron realizados como resultado de la crisis que hoy día afecta a mi país, donde es más que evidente, la corrupción, indolencia, el egoísmo, la injusticia e inequidad, ocasionada, desde dos perspectivas. Por un lado, el movimiento político de la derecha (la oposición) y por el otro la extrema izquierda (el oficialismo) mientras unos se quejan de bloqueos, mostrándose descaradamente gordos en la televisión, **vacacionando** en lugares, donde solo los pudientes irían, otros con un sentido de hipocresía, manifiestan dolor por su patria, como una careta, mientras incitan acciones geopolíticas llevadas en contra de Venezuela; ejemplo (bloqueos económicos). A la larga esta situación solo afecta a los pobres... a los que viven el día a día. Es triste observar que políticos <<de ambos partidos se hacen millonarios>>Luego de estudiar un poco la política, me he dado cuenta, que si no se toman decisiones y acciones que permitan un cambio justo para todos y un bienestar general; quienes terminaremos sufriendo las consecuencias, seremos los ciudadanos que vivimos, sufrimos y padecemos incansablemente esta situación . Pero en este libro no pretendo abordar la política, simplemente quiero señalar las causas que condujeron a tales situaciones. En cada historia, me referiré al hecho social como consecuencia de las malas acciones políticas de ambos grupos de gobernantes, tanto de los que mandan en Venezuela, como los que mandan fuera de nuestro territorio por medio de líderes **nefastos** .Fueron muchas las anécdotas que he recopilado, las cuales dejaran al lector sorprendido o quizás indignado, por los atropellos e injusticias, que se produjeron a consecuencia de la crisis económica . Lo irónico de toda esta situación, es que tenemos las reservas de petróleo más grandes del mundo y pare de contar de los diferentes tipos de recursos naturales... y estamos padeciendo esta situación de pobreza extrema. Quiero que estén consientes aquellos que tenga la intención de leer este libro... en este momento no estoy a favor de ningún ideal político y en la medida que empiecen a leer cada relato, entenderán mis razones. Posiblemente algunas historias no sean producto de errores políticos; pero si gran parte.

Capítulo I. Inmundicia social, varios casos

La crisis económica en Venezuela no solo ha pegado en el estómago del venezolano, por el hambre que los deprime, con un salario que no alcanza, sino también por la miseria humana, la falta de humanismo por el prójimo. Es una situación muy **deprimente**, donde el que tiene; empezando por los gobernantes, parecen no sentir pena ni dolor, por el que está pasando hambre; de un lado veo militares con vehículos nuevos; sin hacer referencia de los políticos que desde la televisión, se ven tan gordos, que el camarógrafo, debe graduar la cámara, para que todos salgan en la grabación. Ya no te puedes accidentar en la calle, porque se presenta el hampa y te roba tus pertenencias, ni siquiera se puede ir a la playa, y si quisieras hacerlo debe ser con la precaución de guardar 5 litros de aceite en la maletera, puesto que los delincuentes ahora están pendientes de hurtar el aceite del motor. Y ni hablar de las personas que quedan gravemente heridas, en un accidente de tránsito, en zonas alejadas de la ciudad, pero habitadas por civiles en los alrededores, ya que muchas de estas personas, en vez de ayudarte, algunos lo que hacen es quitarte tus pertenencias, actuando como los propios **rateros**; mientras la pobre victima está sangrando dentro del carro, sin poderse siquiera mover. En este capítulo contare dos historias, que muestran la miseria humana, que existe en mi país en estos tiempos, realmente no sabría definir que los lleva a reaccionar de esa manera, quizás podría ser la crisis económica que están padeciendo, lo cierto **es que** observo una situación muy triste y lamentable por lo que estamos pasando.

Primer caso: ¡Por favor no botes la comida!

Me encontraba en casa de mi amigo Mario, visitándolo, por el tiempo que no compartíamos, recuerdo que era el mes de **marzo del año 2017**. Media hora después de estar **ahí,** se presentó mi amiga Fabiana, llorando; por el hecho de haber pasado un susto con el que fuera su pareja. Mario le pregunto — ¿Qué te pasa? ¿Te hicieron algo? ¿Te maltrataron? Ella no respondía; estaba **muy alterada,** mi amigo le dio un vaso con agua, para que así se calmara, se tranquilizó un poco y dijo — lo que paso fue que acabo de salir con mi novio; el que es militar, cuando íbamos por la autopista en su camioneta, me pidió matrimonio; le dije que no era el momento, que debíamos darnos un tiempo; se puso como loco y me dijo de **forma alterada** que yo no lo quería, pero no conforme con su violencia verbal, intento abrir la puerta del copiloto, diciendo ¡Si tú no te quieres casar conmigo, es porque tienes a otro, siendo así, sino eres mía, no serás de más nadie! Iba manejando a alta velocidad. Estábamos luchando los dos, el por abrir la puerta e intentar lanzarme estando el vehículo en movimiento y yo por evitar que me lanzará. Llegamos a su casa, **estaba traumatizada** y **él,** a su vez muy histérico, **le dije a su madre** lo que había sucedido, ella agarro una escoba y comenzó a pegarle, hasta que por fin se calmó. —Pero... ¿Ese hombre era así antes de conocerlo? — pregunte. —No, nunca había sido así conmigo, cuando empezamos a salir. Rodrigo a su vez no entendía la actitud del Militar, yo le decía— **es que** algo tuvo que haber sucedido en su vida, que lo dejo así de trastornado. Ella respondió— **él** no era así, mucho antes de meterse en la vida militar por exigencia de su padre, ya que mi novio solo era ingeniero, sin trabajo, en pocas palabras era lo que muchos dicen un <<**Don nadie**>> no tenía ni para invitarme a salir a comer fuera de casa. Recuerdo que lo acompañe a sacar unos papeles para Caracas, con la finalidad de emprender la carrea militar. Llegamos a Fuerte Tiuna. Era muy bonito ese lugar. Con una panadería, venta de comida, las cosas eran de calidad ¡Muy bello todo! Y selectivo ¡Exclusivo para los militares! Cuando terminamos de entregar el papeleo requerido para lo que él iba a realizar , me sentí muy triste, cuando Salí del **cuartel** militar, al ver como en algunos lugares de las calles de La Capital; habían personas buscando entre la basura, un bocado de comida; yo me Dije ¡Dios mío que es esto! Gente se muere de hambre en las calles, mientras los militares se daban banquetes, con comidas a precios **justo**, dentro de aquellas instalaciones. Mi ex novio, gracias a su título de ingeniero, fue que logro escalar más rápido, a tal punto que ahora tiene una casa en una de las zonas más cómodas de ciudad Bolívar. Ellos reciben todos los beneficios que mucha gente carece en estos días. Después de relacionarse con esas personas, tuvo un cambio del cielo a la tierra. Tengo varias anécdotas que contar en la nueva casa donde viven, es, que una vez me mando a cocinar dos kilos de arroz y yo le dije— pero amor, ¿no crees tú, que sería mejor hacer un solo kilo ? Me dijo con un tono prepotente — ¡Móntalo chica, que ahí hay suficiente! El solo hecho de pensar lo que sucedía en las calles en el año 2016- 2017, me hacían ser más persistente, en suplicarle que no era necesario. Le dije que era mejor hacer un kilo, y el kilo restante me lo llevaba para mi casa, ya que mi familia en ese momento no contaba con mucho alimento y como en ese entonces quienes estaban en casa eran su madre y su padre; porque su hermana vivía en otra casa, no me hizo caso, aun cuando le dije que se perdería todo ese arroz; termino diciendo — ¡Móntalo, te he dicho, que si se queda ahí, se le da a los perros, y si los perros no se lo comen se bota y ya! ¡Si tanto te preocupa tu familia, yo te doy una bolsa de comida, para que no pasen hambre! Con mucha rabia, no me quedo de otra que montar el arroz, que a fin de cuentas solo comimos menos de medio kilo y lo demás, se botó a la basura, ya que los perros no se lo comieron todo. — ¿Cuál fue tu otra anécdota dentro de esa casa? — Pregunte— Nos dijo— creo que esta es la peor, o la más triste de todas, esto sucedió en diciembre del **2016**, era fin de año, la mesa navideña estaba preparada, habían como diez panes de jamón, una olla inmensa de ensalada de gallina, casi siete kilos de uvas y 4 kilos de lentejas <<según para tener más abundancia en la casa>> ese día, solo estaban en el inmueble los mismos de siempre, mi suegra, mi suegro y mi novio, quien es ahora mi ex; yo y un ratico que estuvo mi cuñada. Eso era muy triste ver la mesa con tanta abundancia en esa casa y tanta miseria y hambre que se veía en las calles. Me pongo muy triste, no sé cómo puede existir personas tan egoístas y sin corazón por otros que pasan necesidades. Rodrigo le dijo, no te pongas triste por eso Fabiana, mi cuñada y yo sufrimos el abuso de un militar, que se le abrieron las puertas de la casa y le llevo la computadora, mientras que a mí no me pago un dinero que me debía por motivo, de un teléfono, que se había comprometido en pagarme. Yo enseguida respondí — tranquila que Dios está viendo las injusticias que están pasando y en cualquier momento, veras que lo pagaran. Sabes; yo recuerdo que en el año 2015, que fui a la bodega a comprar, vi a un hombre que se mostraba **macilento** y **desnutrido**, quería comprar un **pan campesino**, sin embargo la tarjeta donde pensaba que tenía el dinero para comprarla... no le paso, **el** hombre se fue muy triste y casi llorando, por no poder llevarse el pan para su familia. Yo internamente, me sentí muy mal, quería ayudarlo **pero** no estaba ni cerca de la cola, para que me despacharan, me dio mucha lastima ver esa situación tan lamentable. No creas que eres la única que has pasado por situaciones tan deprimentes; ojala y cumplas lo que dices, que de ahora en adelante **él**, para ti, solo será tu ex novio, en resumidas cuentas... parte del pasado. Ella respondió, yo voy a cumplir lo que he dicho, de ahora en adelante el será parte de mi pasado. Luego que Fabiana se desahogara con nosotros sobre la mala experiencia vivida con el que era su novio, se calmó. Terminamos de hablar y se marchó a su casa, con el tiempo, nos contó que **el** hombre ahora estaba en compañía de otra mujer, con la que al parecer tendría un hijo.

Reflexión

Me dejo mucho más molesto lo que me dijo mi amiga , ya que ese militar no ponía en práctica lo que sus jefes de mayor rango vociferan por televisión: **¡Justicia social, igualdad, equidad, humanismo!** Yo a eso le llamaría hipocresía, por un lado viven hablando de socialismo y por el otro viven como burgueses... no entiendo realmente esa ideología. Si ese es el socialismo del que tanto hablan, siendo unos más ricos, y otros más pobres, prefiero el capitalismo, donde se muestra tal cual como son; el que quiere surgir surge, el que no perece, entendiendo que en el capitalismo predomina el más fuerte, pero el socialismo, en la práctica, pareciera ser el más vivo, no el que tiene un mérito para hacerlo, tal vez si el **socialismo se cumpliera como la teoría** << fuera otra cosa>> ¡Excluyendo la acción política, de estar expropiando empresas! Claro, Pero es solo un punto de vista personal, ya que me he dado cuenta en estos casi 20 años que ha gobernado el oficialismo (la izquierda) las empresas que por (**x**) causa se han expropiado, muchas han sido objeto de corrupción, generando más pobreza para Venezuela. En un país debe haber un equilibrio, en el cual el **Estado** produzca con las empresas que son de dominio público, por el hecho de que son recursos naturales del territorio nacional y por el otro respetando las reglas del juego; dejando que las empresas privadas lleven a cabo su rol productivo, a beneficio de la sociedad; porque a fin de cuentas la sociedad o quienes la conforman, son los que terminan pagando las consecuencias por las políticas erradas o mal aplicadas por parte de los gobernantes. Cuando el gobierno se dé cuenta que se debe gobernar para un país que **diverg**e en muchas formas y no en un ideal que genera atraso y miseria por no saberse aplicar con ética y moral, en ese momento es que podremos observar un verdadero cambio en el país. No estoy de acuerdo que los recursos de mi nación sean tomados por empresas trasnacionales; llevándose las mayores ganancias, pero tampoco he estado de acuerdo que todos esas riqueza se vean descaradamente compartidas por políticos corruptos que fingen gobernar a **beneficio de todos.**

Resentidos sociales

Primer caso jamás pidas que te cambien la comida en un restaurant

Algunas personas comienzan a trabajar desde jóvenes para ganarse la vida, o tan solo para poder darse los gustos que sus padres no podrían darle, por no tener las posibilidades económicas, tal fue el caso de la señora Yaquelin, quien en la actualidad a sus 51 años me conto que había comenzado a trabajar en un restaurant cuando tan solo tenía 17 años; por medio de una autorización dada por sus padres, aprovechando además la influencia que había entre su padre y el dueño, ya que se conocían desde hacía mucho tiempo; cuando su padre y el dueño eran jóvenes; con la diferencia de que al dueño del restaurant sus padres lo apoyaban en todos los proyectos que este fuera a realizar; desde estudiar en las mejores universidades de Venezuela ; hasta realizar cursos de alto nivel fuera del país. El hombre exitoso llego a tener uno de los restaurantes de mayor prestigio en Venezuela 33 años atrás, llegando personas de todos lados del país. No sería ético de mi parte informarles cómo se llamaba el restaurant; aunque ya no existe; pero si voy a contarles una situación irregular que sucedió en aquel entonces; presenciada por la señora Yaquelin; quien me dijo lo siguiente: — hay personas que son soberbias, otras despiadadas pero... algunas despiadadas y soberbias. Hace 33 años trabajaba en un restaurant cuando tan solo tenía 17 años. Gracias a mi padre que conocía el dueño. Me desempeñaba como mesonera. Yo era la que anotaba los pedidos que hacían los clientes, una vez que estaban listos se entregaba la orden. Algunos clientes; puesto que eran personas ricas tenían una actitud prepotente para con los mesoneros, hasta con los cocineros; cuando una comida no quedaba conforme lo habían pedido. Recuerdo que un día unos clientes que frecuentaban mucho **el sitio ,** pidieron una carne asada; que estuviera cocida completamente, pero no término medio, como algunos otros clientes solían pedirla. Yo entregue la carta del pedido al chef quien seguidamente comenzó a prepararla. Luego de 25 a 30 minutos aproximadamente, de estar lista la carne asada, me llamaron ¡Esta lista la orden de la mesa 5! ¡Carne asada saliendo! Me aproxime para buscar el pedido y entregarlo a la mesa correspondiente. Cuando lo entregue; uno de los dos hombres me dijo— Mira mesonera ¡Espérate! —dígame señor ¿Qué sucede? —Conteste— ¡Esta carne esta cruda! ¡Nosotros no hemos pedido carne medio cocida! ¡Sino, cocida completamente! ¿Es que acaso usted no escribió bien el pedido? O el hombre que está dirigiendo la cocina le quedo grande asar una carne? ¡Muévase! ¡Vaya inmediatamente para que me cocinen esta carne como debe ser! Entre a la cocina y le dije al chef lo sucedido. Enseguida me respondió — espérate, no te vayas a ir. Agarro la carne la coloco sobre la mesa se sacó su miembro y lo paso por las dos partes de la carne; ¡Tenía un pene muy grande! Era la primera vez que visualizaba un pene de gran magnitud; mientras que lo pasaba por la carne, salían gotas de orine por cada movimiento que hacía. Sentí **mucho asco;** cuando lo estaba haciendo, luego agarro la carne para darle la cocción faltante, al estar lista me la entrego diciendo — toma, ve y llévasela, que esta vez sí que le va a gustar ¡Eso te lo aseguro! Hice lo que me dijo; disimulando mi repulsión y asco por lo que el chef había hecho. Cuando se la entregue; el hombre me dijo — ¡Espérate! No te vayas; tengo que probar esta carne para ver si ha quedado bien. Permanecí por unos 40 segundos esperando que los dos sujetos probaran la carne, luego de deleitarse, dieron su aprobación para retirarme; diciendo — ha quedado espectacular; tanto en sabor, como en olor ¡Estás viendo pedro; por eso es que me encanta venir a este restaurant; porque hacen las cosas como lo dicta el deber ser! Seguidamente les pregunte si me podía retirar y si no iban a realizar otro pedido; me respondieron — por ahora no; puede retirarse; muchas gracias. Dure como unos dos meses sin comer carne; porque cuando quería hacerlo me acordaba de aquella mala acción que hizo el chef; con los dos sujetos; que si bien tenían una actitud soberbia y humillante; creo que nadie se merece que le hagan comer un alimento al cual le han pasado el pene de una persona. Aunque algunos dicen que ojos que no ven... corazón que no siente. Lo que puedo decir es que **jamás pidas que te cambien la comida en un restaurant**; cuando te parezca que no está bien; porque no sabes si algún resentido lo vea como una ofensa y realice alguna **acción negativa vengarse**.

Segundo caso El odio de mi jefe

Esta historia le sucedió a un amigo, que trabajaba en un local donde vendían comida rápida y jugos, de esos en los cuales es preparado en licuadoras de embaces de vidrios que son cuadrados, visibles al público, con cuchillas de plástico, encargadas de que la mescla este bien unida. El dueño del local era un hombre de unos 42 años aproximadamente, aparentaba ser una persona tranquila, serena y muy amigable con sus clientes, así como se evidenciaba que lo era con sus 5 empleados. Cuenta mi amigo que hubo quejas de personas, porque según algunas comidas o bebidas les había dado una indigestión y en el peor de los casos diarrea, a tal extremo que terminaban yendo al hospital. El no entendía porque razón sucedía esto, ya que los encargados de realizar la comida eran él y 2 de sus compañeros, tomando las debidas normas sanitarias, para garantizar una comida de alta calidad a los clientes que visitaban el negocio. Un día en horas del almuerzo, el jefe le pregunto a mi amigo— **¿Johan** tu aun no te has servido jugo?— no jefe, permítame culminar una orden de pollo frito, que hace rato me pidieron y luego me sirvo mi jugo. —El jefe respondió— te voy a pedir el favor que lo hagas de una vez, porque posiblemente para después sea demasiado tarde y tal vez no quieras tomar, sino hasta mañana. — No, aun no lo hare. —Bueno... te lo advertí. El jefe comenzó a extraer desde su garganta saliva ya en forma de flema y posteriormente escupir las maquinas encargadas de preparar los jugos, mi amigo al ver esta situación, muy impactado le pregunto — Jefe ¿Por qué usted hace eso? —el sujeto respondió — ¿Porque lo hago? Lo hago por la sencilla razón que mucha de esa gente ¡Es una mierda! La mayoría son unos seres que no agradecen las cosas buenas que uno hace por ellos; algunos te faltan el respeto, insultan, menosprecian y se muestran con aires de grandeza, como si son lo mejor que ha **parido la tierra.** Partiendo de esa situación; ahora dime tu; con que voluntad voy a hacer algo bueno por ellos. — jefe entiendo su rabia para con el mundo; pero ahora dígame algo; ¿Se podría generalizar que todos son así? Yo pienso que no; porque existen personas que son dignas de ser bien atendidas y a los niños ¿también los meterá en ese paquete? Me gustaría creer que la respuesta fuera No; pero la realidad es otra y es que caerán justo por inocentes de su actitud de resentimiento; hacia personas que según usted no son dignas de una buena atención de su parte. Yo digo que no somos Dios para venir a estar juzgando a todo aquel. Mucho menos sería correcto hacerle daño a los que no se lo merecen. — **Johan** solo te puedo decir que ¡El que manda aquí soy yo; por lo tanto puedo hacer lo que me plazca! Tu solo eres un trabajador más; a mis servicios; lo que debes hacer, es ver, oír callar y trabajar. Se agradecido que por lo menos te estoy diciendo lo que voy hacer, porque otro como yo... tal vez no lo haría.

—Está bien jefe; usted tiene toda la razón; no le vuelvo a decir una sola palabra, porque hasta hoy trabajo. Mi amigo se marchó de inmediato; hasta esa día trabajo en el negocio. A los meses clausuraron el lugar, gracias a las denuncias de algunos clientes que frecuentaban el sitio. Mi amigo más nunca volvió a saber del hombre que sentía odio por los clientes que llegaban a su negocio.

Reflexión

Por lo general los resentidos sociales mantienen esa conducta de odio hacia el mundo, por la sencilla razón de haber sufrido algún trauma familiar o social en el pasado y lo exteriorizan en los lugares donde se desenvuelven. La mejor forma de explicar esta situación es contando una historia de un libro de cuentos; que desde mi punto de vista ha sido uno de los cuentos más impresionantes que he leído en toda mi vida; llamado <<**Las mil y una noches**>> en la que se relata un cuento que lleva una reflexión seguido de otro cuento; contadas de noche, por una mujer; que solo buscaba el perdón del rey y con ello; que este pudiera conseguir la paz espiritual que le había sido arrebatada por su primer esposa; que lo traiciono con unos de sus esclavos negros. Daré un resumen:

Había una vez un rey que tenía dos hijos; razón por la cual; cuando el rey murió, deseando premiar la bondad e inteligencia de sus dos hijos; dividió su reino; otorgándole al primogénito llamado Scharriar; el trono de Persia y al segundogénito de nombre Schazaman; el de Samarcanda. Al cabo de 2 años en el que cada uno llevaba gobernando sus respectivos reinados Shariar sintió deseos de ver a su hermano que gobernaba en Samarcanda; así que decidió enviar a un visir (ministro encargado de llevar los asuntos diplomáticos de un reinado); para que este le diera el mensaje de invitación a su hermano que reinaba en Persia. Schazaman feliz de recibir la invitación de su hermano, se dispuso a realizar los preparativos; principalmente regalos que le llevaría a él. Le había comentado a su esposa que se iría temprano en compañía del visir de su hermano; pero se puso hablar con el **visir**; y de tanto conversar, se hizo de noche; Schazaman , ya cuando iba a partir; se le había olvidado de los regalos que les llevaría a su hermano, así que se devolvió al castillo, no quiso hacer ruido, para no despertar a su esposa, cuando entro al cuarto, que era donde se encontraba lo que buscaba, descubrió que su esposa le estaba siendo infiel con uno de sus esclavos negros. Schazaman tomo su espada y los degolló a los dos; cogió los regalos para luego marcharse con el visir . Al llegar a Persia su hermano había realizado una fiesta de bienvenida; pero Schazaman por lo sucedido con su esposa y el esclavo, no le permitían estar en paz. Así que el hermano le pregunto qué le sucedía, este no le quiso decir nada. Al día siguiente su hermano Shariar había organizado una cacería donde fueron invitados todos los personajes de la corte. Schazaman no se sentía con ánimos de salir; su hermano para no quedar mal con los invitados , decide ir con ellos. La esposa de Shariar creyó que todos se habían ido y se dispuso a organizar una orgia con 20 esclavas blancas y 20 esclavos negros ocultados en los lados de los jardines; para llevar relaciones sexuales, donde la adultera mujer también participaría . Toda esta situación la pudo observar Schazaman; desde la ventana del cuarto donde dormía cuando era tan solo un niño y ahora lo hacía como un huésped. Se sintió feliz, al darse cuenta que él no era el único desdichado de la infidelidad de una mujer; siendo así; pensó << para que darse mala vida>>. Horas después que su hermano llego de casería y lo vio que estaba muy feliz le dice: — Doy gracias a Ala; por verte así animado y te ruego decirme a que se debe el cambio observado.

—Hermano mío no tengo ningún inconveniente en explicarte el motivo de la tristeza que me afligió hasta hoy.

Luego que el rey Schazaman le contara absolutamente todo lo que le había ocurrido en su reinado con su mujer y lo que observo que hacia la esposa de su hermano con los esclavos y que este constatara que era cierto la confesión que su hermano le había dicho; fingieron una nueva salida para supuestamente hacer una cacería(que creyera la esposa y esta mordiera el anzuelo) para constatar si era verdad lo que el hermano decía; una vez que descubrió la verdad; el rey de **Persia le propuso** a su hermano salir en caballo hasta donde los llevara el camino; haciéndose la promesa que si no conseguían una persona en peores circunstancias en las que ellos habían pasado con sus infieles esposas, no regresarían a sus diferentes reinados; por suerte para ellos conocieron por el camino a una mujer muy hermosa quien le había sido infiel a su dueño(**un genio malvado**) con 98 hombres y con los dos reyes **iban a ser 100, los** reyes al darse cuenta de esta situación dijeron — si esto le ocurre a un genio del mal, poderoso y feroz no podemos quejarnos nosotros de la traición de nuestras mujeres a las cuales no encerramos en cofres ni ocultamos en el fondo del mar. Reconocieron entonces que había alguien que era más desdichado que ellos y se devolvieron . Al llegar a Persia el rey mando a asesinar a las 20 esclavas blancas, los 20 esclavos negros a su esposa y al amante de su esposa; un esclavo negro. Una vez que el rey de Persia había mandado a asesinar a todas aquellas personas. Convencido de que no existiera una mujer cuya fidelidad pudiera acreditarse, dio orden de que cada noche; a partir de entonces le fuese entregada una joven virgen la cual sería estrangulada al amanecer. Una vez que no hubo más virgen en aquella ciudad y su visir no le quedaba otras mujeres vírgenes que no fueran sus hijas; porque el rey llevaba tres años con una matanza constante, una de las hijas del visir se llenó de coraje en ser la que por fin permitiera al rey conseguir esa paz espiritual que por muchos años había anhelado. El mensaje que nos da este corto pero emocionante cuento que traigo en este capítulo a reflexión es: << la única manera de tener la paz espiritual ante ciertas circunstancias vividas que nos hicieron mucho daño es perdonando y si no lo podemos lograr, el odio nos matara **de a poco>>**

Tanto el exceso Como el defecto dañan la perfección (Aristóteles)

Me referiré a este pensamiento filosófico de Aristóteles para hacer un análisis comparativo; tan solo sobre un artículo de la ley laboral de Venezuela; en relación a la permanencia de un obrero en una empresa pública o privada; la cual actualmente se conoce como (**inamovilidad laboral**) tanto en la actualidad, la cual está bajo el mando del gobierno de la 5ta república(extrema izquierda; oficialismo) así como hace 20 años atrás; cuando era gobernado por Adecos y Copeyanos(extrema derecha; conocidos muchos de ellos, actualmente como oposición, donde los trabajadores no gozaban de este beneficio laboral). En este análisis me basare en dos historias; un suceso acontecido hace ya 25 años; y otro que sucedió unos **pocos años atrás.**

Primer caso: Aguanto por mis 5 hijos.

Una abogada; con la que comparto un gran lazo de amistad; de una edad bastante avanzada me conto lo duro que la paso; cuando aún no desempeñaba la profesión del derecho. Era tan solo una obrera que le trabajaba a una empresa privada; ya que el que había sido su esposo la abandono; esto la obligo a dejar sus hijos con su madre; mientras ella trabajaba con gran intensidad; de bedel; de principio a fin le fue muy difícil; contaba ella; en ese mismo tiempo estaba sacando su carrera de abogado en una universidad pública. Mi amiga me decía; que tenía una supervisora de la que recibía muchas **humillaciones**; esto ocasionaba, que la situación se tornara más tensa e incómoda en las instalaciones; parecía como si esta mujer la odiara de toda la vida. Un día; mi amiga realizaba su jornada de limpieza, como era de costumbre; la supervisora se acercó y le dijo — ¡Mire Fernanda me hace el favor y seca ese piso rápido para que se dirija a las otras áreas que faltan por limpiar! — le conteste —disculpe supervisora; pero este pasillo es muy extenso y si lo seco de la forma que usted quiere; no quedara bien —Me respondió un poco más alterada diciendo—¡Si yo digo que sí se puede; es porque estoy segura que es así! ¡Me entendió! —pero supervisora usted no se está dando cuenta que ese pasillo es muy largo; y me llevaría una hora aproximadamente para pasar el coleto y secarlo ¿O es que acaso usted cree que es el porche de su casa? La supervisora con un tono de voz más fuerte le dijo — ¿cómo me dijiste? ¿Acaso tú me estas cuestionando mi manera de delegar funciones en la empresa? — No; en lo absoluto jefa; simplemente le estoy haciendo entender que necesito más tiempo para dejar este pasillo como se debe y me disculpa si es que mis palabras la han ofendido.

La supervisora se molestó tanto con mi amiga, que se aproximó a ella; la escupió en la cara y luego le grito diciendo ¡Grábate esto! ¡A mí tú no me dices lo que tengo que hacer! Mi amiga arriesgándose a perder su trabajo y sin sentirse intimidada por los dos metros de altura, y lo corpulenta que era la mujer de facciones de una persona negra; ella con tan solo un metro sesenta de estatura; llena de impotencia; se limpió la saliva de su mejilla y no vacilo en responder — le voy a decir una cosa supervisora... yo sé; que la tengo de perder con usted en esta empresa, y dele gracias a Dios que tengo 5 hijos que mantener; porque si no fuera así... la coñaza (golpiza) que le hubiese dado... sería tan grande; que tendrían que buscar a un familiar para que la identificaran como trabajadora de acá. La supervisora lo que hacía era reírse a carcajadas y concluyo diciéndole— haz tu trabajo chica y deja de molestar a tu supervisora. Lo irónico de esta historia; fue que una vez que mi amiga se graduó de abogado; la empresa la contrato para realizar algunos asuntos jurídicos y en ese periodo termino haciéndose amiga... de la **supervisora que la trato mal.**

Segundo caso: ¿Estas con nosotros o en nuestra contra?

He tenido muchos amigos; de diferentes ideologías y religiones desde; opositores, oficialistas; católicos; testigos de Jehová y uno que otro **baba- lawo**; aunque este último los trato con distancia y respeto, ya que guardo mucha fidelidad hacia Dios. Esta historia le sucedió a un amigo de ideología izquierdista; que por querer hacer las cosas de la manera correcta estuvo a punto de perder la vida; por personas inescrupulosas que queriendo ganar dinero de forma ilegal; quisieron extorsionarlo de tal manera que este cumpliera las peticiones que ellos le exigían. En una fábrica manejada por el **Estado**; <<de producción social>> se encontraba trabajando mi amigo. Él era el encargado de realizar los inventarios, de los productos de materia prima; así como los productos terminados que salían de la empresa. Al parecer estaban sucediendo irregularidades; puesto que los números de la mercancía saliente no concordaban a la hora de hacer el inventario. La primera semana las cosas iban marchando de la forma correcta; en lo que tenía que ver con la producción <<El producto terminado>> Pero las grietas de la empresa se comenzaron a notar cuando el producto debía salir en camiones tipo cava a su destino. Un día mi amigo le correspondía, realizar el conteo de los productos que se llevarían para ser distribuido. Justo cuando se disponía a realizar su trabajo, el chofer encargado de conducir ese vehículo, intervino diciendo — yo sé que a usted le corresponde estar al pendiente de contar la mercancía antes que llegue a su destino, pero le voy a sugerir una cosa, para que nos podamos entender. Mi amigo pregunto— que será...— este respondió —no es nada del otro mundo, simplemente... que por cada 100 productos que yo traslade, usted solo va contabilizar 70, nada más por eso a usted le quedara una comisión. Que le parece la idea, verdad que es buena. Mi amigo lo miro a **los ojos y le dijo** —Ósea usted me está queriendo decir que yo firme una autorización para desviar un 30 por ciento de la mercancía que debería llegar a su destino, por medio del vehículo del cual le fue asignado, no, usted se equivocó de aliado... mis principios como revolucionarios no me permiten prestarme para semejante atropello hacia mi nación y hacia el pueblo.El sujeto impresionado por la conducta intachable le respondió —disculpe creo que no escuche bien... ¿tú me estas queriendo hacer entender que no vas a colaborar?. Déjeme decirle una sola cosa, esto solamente le da dos opciones, que lo llevaran a dos caminos diferentes. ¡¡O estás con nosotros o en nuestra contra!! Mientras sus políticos roban, usted intenta ser honesto ¿Será que ellos pensaran y actuaran como usted lo hace? si así fuera, todo sería bonito, pero como desgraciadamente no es así... eso no sirve. Mi amigo un poco molesto, le dijo —Ocúpese de lo suyo que yo me ocupo de lo mío. El chofer se alejó del sitio, marchándose a un lugar aislado, tomo su teléfono, realizo una llamada muy distante de donde se estaba contando las cajas. Muchos obreros se habían dado cuenta de la discusión, pero no decían absolutamente nada. Casi cuando era la hora de salida, unos trabajadores se acercaron para decirle a mi amigo— tienes que salir de la empresa de forma discreta, porque escuchamos que afuera hay unos tipos esperando por usted, para asesinarlo. El, de momento creyó que era una forma para asustarlo, hasta que uno de sus amigos de confianza, se dirigió a las afueras de las instalaciones, resultando ser verdad la información a mi amigo tuvieron que sacarlo en un vehículo particular, ocultándose dentro de la maletera.

Reflexión

Mientras que el actual gobierno crea mecanismos para reguardar la permanencia de un obrero en un puesto de trabajo; los gobiernos de la derecha no dudaban en despedir a quien cometiera una falta; aunque esta fuera mínima; sin embargo; desde mi punto de vista; considero que las leyes deben tener un equilibrio; porque no es correcto emplear a una persona que ha cometido **actos iliciticos**; porque luego llevara a cabo las mismas acciones dentro de la empresa y esto lo que va a ocasionar es alterar el buen orden y la paz en la empresa. Considero que debe existir un equilibrio, en el que el obrero se dé cuenta que el hecho que sea pobre no quiere decir que deba pasar por encima de las leyes del trabajo. Tampoco es bueno que a un gerente o a un supervisor de jerarquía la ley le otorgue tantos privilegios jurídicos; porque podría suceder lo que le paso a mi amiga abogada; que era tratada como <<**poca cosa**>> por el simple hecho de ser una obrera. La ley de régimen penitenciario presenta artículos donde se debe capacitar; a nivel laboral y educativo al recluso para <<**que puedan ser reinsertados en la sociedad**>> ahora bien, a este punto también quería llegar; no quiero meter a todos los que han pagado condena y están libres trabajando en alguna empresa en este paquete; pero en qué país del mundo para ser sindicato de una empresa pública o privada tiene que haber sido delincuente; con el fin de tener un supuesto orden, que al final a lo que conlleva esto es a que se realicen actos delictivos dentro de las empresa, y no quiero dar una historia de este tema; porque es un tema muy delicado; solo anunciare, que mientras estaban realizando una determinada obra del ferrocarril; quienes hacían parte del sindicato; eran delincuentes y llegue a saber que hasta se perdían cabillas, cemento y demás; pero nadie decía nada por temor a ser asesinado; porque las amenazas que hacían estos antisociales... las cumplían; por eso opino que se debe poner la lupa sobre la inamovilidad laboral y la reinserción social; porque lamentablemente por unos determinados ex convictos... **pagan todos..**

Corrupción generalizada:

Una amiga me conto sobre un abogado, que había conocido en una notaría, el hombre se desempeñaba como notario de buena reputación; tanto por sus conocimientos, como por su honestidad . Este quiso contarle sobre un inconveniente el cual condujo a otros; que había tenido con uno de los subordinados a él. Era sobre un anciano, que se encargaba de sacar las copias e impresiones de los documentos que posteriormente iban a ser leídos sellados y firmados en la notaria, para su aprobación correspondiente. El notario no tenía mucho tiempo de trabajar en la institución pública; sin embargo se le había asignado el cargo por su honorable honestidad que lo caracterizaba y aprovechando además, algunas irregularidades que ocurrían en la notaria, como suele pasar en todas las instituciones del **Estado Venezolano** , la corrupción generalizada está a tal punto de volverse masificada. La conversación sobre ese tema se inició a raíz de que mi amiga le comentara sobre un cáncer que había tenido, pero ya estaba curada. El hombre le respondió — Te voy a contar una historia que me sucedió con un anciano, cuando trabajaba en una notaría. Yo estaba trabajando en un registro mercantil, cuando me llamaron para que trabajara en una notaría, como ellas habían notado mi eficiencia, así como también una ética y moral comprobada por muchas personas influyentes en la sociedad, me asignaron el cargo de notario. Mientras trabaje ahí, me di cuenta que no se estaban realizando las funciones en la notaria como era debido. La mayoría de los trabajadores estaban haciendo actos de corrupción de menor a mayor escala. Figúrate tú , que una vez un anciano que tenía años trabajando en la notaria imprimiendo o sacando las copias, dependiendo del caso. El señor parecía verse honesto y de buenos sentimientos. Empezaron a llegar rumores de que él estaba cobrando demás a las personas por cada copia que sacaba, al principio no le hacía caso, creí que eran chismes de personas comunes y abogados, por su condición de adulto mayor. Pero todo se comenzó a complicar mucho más, al punto de yo salir **desprestigiado,** puesto que, si soy el jefe, quien se suponía debía mantener el orden y el respeto en la institución pública y si no lo estaba haciendo, eso solo permitía pensar a los abogados que realizaban los documentos, que yo era un corrupto igual que algunos que hacían sus fechorías, y así sucedió. Comenzaron a poner en duda mi reputación. Tuve que llamar al anciano y decirle lo que estaba **sucediendo** , yo había decidido despedirlo, no obstante sentí compasión por él, y le di otra oportunidad, por las condiciones en que lo veía, pero antes de hacerlo, le pregunte las razones por las cuales cometía esos malos actos que manchaban la reputación de la institución; enseguida él me dijo. —lo que sucede jefe es que no me alcanza el salario que gano; no logro cubrir mis necesidades básicas; además de eso...¡Tengo un cáncer que de a poco me está matando! ¡Ya no sé qué hacer! Me quede sorprendido con todo aquello y comencé a sentir mucha lastima por él; un sentimiento que a nadie desde mi perspectiva... diría yo, le gustaría que sintieran. Así que decidí perdonarlo. Le dije — tu situación me ha dejado sorprendido, así que he decidido darte una segunda oportunidad, ¡No la vayas a desaprovechar! Si vuelves a realizar actos indebidos en la institución... no me quedara de otra que despedirte. — Está bien jefe no lo volveré hacer. — Me respondió. Luego de hablar con él, durante esa semana de trabajo el sujeto se portó conforme se esperaba. A la semana siguiente, específicamente, entre martes y miércoles volví a recibir quejas del hombre, lo mande a llamar a la oficina y lo tuve que despedir. El hombre acepto su error, no me sentí del todo bien... el haberlo botado, pero no tuve opción. No sé realmente si la aptitud de ese ciudadano era por su situación de salud, de miseria ¡De hambre! Que se notaba, le estaba sucediendo.

Consecuencias del despido del adulto mayor

Al día siguiente de haber despedido al sujeto, comenzaron a enviarme mensajes de texto (anónimos) con escritos que anunciaban lo siguiente: <<ah ya sabes lo que te toca, te vas a morir, eso no se le hace a un viejo. A cada cochino le llega su sábado y a ti ya te llegara>>Pensé que era el adulto mayor que partiendo de su impotencia por haberlo despedido me había enviado aquellos mensajes amenazándome por la decisión que había tomado; le reste importancia, **colocando en mi teléfono** la opción de bloquear ese número para evitar futuras amenazas. A la semana siguiente volvieron a enviarme mucho más mensajes; con las mismas palabras, además de eso, supe que habían colocado en las redes sociales comentarios de desprestigio a mi persona; con alusiones como <<corrupto, ladrón, basura, mal hombre, eso no se le hace a un adulto mayor>>. Ya me estaba empezando a molestar la situación. Tuve que hablar con las autoridades policiales, respecto al tema y estas comenzaron a realizar las investigaciones, descubriendo que, el adulto mayor no era quien realizaba las amenazas, sino otros. Fueron varios, para mi sorpresa la mayoría trabajaban en la notaria, tuve que despedirlos, pero no coloque cargos contra ellos para evitar más enemigos de los que ya tenía; debido a que seguro si lo hacia sus familiares irían en contra de mí.

Otros problemitas por resolver

Las personas de las cuales había recibido amenazas, desistieron de molestarme luego que llegáramos a un acuerdo, en el cual yo retiraría los cargos de difamación y amenazas que ellos tenían hacia mí, si ellos se comprometían a no volver a molestarme; aunque lo de despedirlos no iba a ser negociable; todos estuvieron de acuerdo. Resuelto este problema, ya para la semana siguiente; me percaté de otro inconveniente las colas demás, que se mostraban interminables, de los usuarios que iban a realizar algún registros de compra venta de un vehículo, una moto o cualquier otro tramite. Me parecía extraño, habían personas que llegaban en horas de la mañana a realizar su trámite, pero terminaban yéndose más tarde de lo normal, mientras que otras personas sin realizar las debidas colas; iban por **primer** vez para hacer un trámite **y** eran llamados por los funcionarios para ser atendidos de primeros. Tuve que volver a poner en marcha una denuncia a la policía, para que estos se abocaran a la solución del problema. Recuerdo que los policías realizaron una labor de inteligencia; ocultando que eran funcionarios y haciéndose pasar por unos civiles que según, pretendían hacer un traspaso de un vehículo. Al llegar a la notaria a eso de las 11 am se acercaron al **portero** y luego de dar los buenos días; le preguntaron — ¡Amigo! Quisiéramos saber cómo podemos hacer para realizar un traspaso; además de buscar un abogado. Claro; que nos haga el documento y coloque su visado. **Pero** quisiéramos que el trámite por acá sea rápido, ¡Sin tantas colas! Usted sabe...— El hombre contesto —bueno... eso es fácil; yo les presento a uno de los encargados de realizar el documento; **eso** si... me tendría que dar una pequeña contribución; por el favorcito. —Por plata no hay problema; nosotros tenemos —afirmaron los policías. El portero los llevo un lugar aislado de la cola; donde les hizo entrega de un sobre, para que le dieran el dinero, y posteriormente poder realizar el enlace con la persona encargada de agilizar el documento con mayor celeridad. Una vez que recibió el pago, el sujeto le hizo entrega de un número telefónico, ya que no se podía hablar directamente con la persona desde la notaria; porque el hacerlo traería sospechas; así que se contactó con la persona, a través de un número telefónico: —Hola que tal, soy Fernando; el señor que necesita realizar un traspaso de un vehículo; el portero de la notaria **me dio** este número —Un placer señor Fernando. Vayamos al grano, necesito que me consiga (determinada cantidad de dinero) como pago, por el favor que le voy hacer; eso sí; ni una palabra de este tema con nadie. Si trajo todo los documentos necesarios, podemos hacerlo hoy mismo. — Sí, claro que los tengo. Pero quisiera saber ¿Con quién tengo el gusto? — Señor Fernando... mientras no sepa mi nombre, es mejor para usted y para mí; yo sé porque se lo digo. El dinero y los documentos se lo va entregar al portero **¿le parece?** Está bien, no hay problema, será como usted diga. La policía busco el dinero en efectivo y se lo entrego al portero diciéndole que ya había hablado con la persona. Una vez que uno de los policías le hace entrega del sobre donde estaba el **dinero**, le dicen al portero — nosotros somos la policías usted está detenido por corrupción e enriquecimiento ilícito y asociación para delinquir. — ¡que hice yo! ¡Soy inocente! ¡No me pueden llevar! —Eso lo decidiremos en la comandancia; así que vámonos. Cuando llegaron a la comandancia, que comenzaron a interrogar al portero ¡Lo soltó todito! Una vez que los policías le dijeron — mire amigo la situación es la siguiente; entendemos que eres un padre de familia y que no quieres perder tu libertad por terceras personas; es más en pocas palabras, puede que seas una víctima de las circunstancias. Nosotros no queremos hundirte más de lo que estas; solo te pedimos que nos des un nombre y tu saldrás ileso de esto; ya que el número telefónico que nos diste pertenece a la notaria y pudo haber sido cualquiera de los que trabajan en esa institución pública, mandado por un líder posiblemente. Ahora... tú me dices; **¿negociamos?** —yo les voy a decir todo ¡Pero no me vayan a encarcelar! ¡Por favor! El hombre lo dijo absolutamente todo. Quienes participaron, los cómplices los actores materiales, el actor intelectual. Nadie salía limpio de culpa; todos eran responsables. Es muy triste estar en una institución donde quieres ser honesto; mientras que la mayoría no lo son. Cuando supe quién era el actor intelectual lo despedí de inmediato. Quería renunciar a la semana de haber sucedido todo, **no obstante** me pidieron que no lo hiciera; ya que me iban a colocar una persona de apoyo; era un militar; con este hombre pensé que todo sería mejor; puesto que los empleados serían más comedidos a la hora de hacer una acción que atentara contra la moral y las buenas costumbres. Ciertamente fue así; **sin embargo** ahora el que termino siendo la cura... paso a convertirse en una enfermedad ¡¡un cáncer letal!! El militar comenzó a llevar a cabo registros que a leguas se notaban eran ilícitos; yo para cuidarme las espaldas; por cada documento que me hacía firmar como notario; **era** un acta que realizaba en contra del militar; se lo entregue a una persona a la cual me reservo el nombre por seguridad y a la semana al tipo no lo botaron; sino que lo trasladaron a otro ministerio. Que desastre; si así es como se combate la corrupción ¡**Es imposible acabarla!**

Reflexión

Realmente no sabría que conclusión dar en cuanto a esta situación; solo puedo afirmar que el ex notario lo dijo todo. Este hombre al pasar el tiempo se retiró de la notaria y en la actualidad trabaja en una empresa privada.

Siguiente caso:

Hay que saber a quién metemos en nuestra casa

Esta historia nos pasó a mi esposa y a mí, luego que a mi pareja le diera cáncer, enfermedad de la cual ya está curada .Un sobrino de ella, estaba en **una etapa** difícil en su vida, en la que logra conocer a una **ratera <<vulgar ladrona>>** que en esta historia llamaré Candy.

Un breve resumen de Candy

Esta mujer tuvo una vida de infelicidad, luego que a su padre lo encarcelaran por posesión ilícita de estupefaciente <<cocaína>>, pagando una condena de 10 años, cuando Candy apenas tenía 15 años. Luego que su padre estuviera en la cárcel, se le cae el mundo encima, al quedarse solo con su madre y sus dos medio hermanas, estas eran de piel Blanca, pero Candy era muy morena de piel. Candy sufría mucha discriminación racial; por parte de sus hermanas y de su mamá, se veía un inminente descaro por preferir a sus otras dos hijas de padre y madre que a Candy. No solo por ser oscura de piel, sino también porque la madre tenía un resentimiento que exteriorizaba hacia Candy por ser la hija del hombre que la dejo a ella por otra mujer. Las cosas para Candy comenzaron a ir de mal en peor, a tal punto que tuvo que irse de la casa para vivir en la calle o en casa de una amiga. Consiguió una pareja y se enamoró, tuvo un hijo con este sujeto, después se separaron a raíz de tanta infidelidad del hombre. Candy tenía por costumbre dejarle los hijos a sus padres **progenitores,** para posteriormente dedicarse a la prostitución. Así transcurrió la vida de esta **toxica** mujer, hasta llegar a tener 7 hijos de **padres diferentes**.

Una mujer que mostraba algo que no era

No se sabía nada sobre la procedencia de Candy; en el momento que entro a la casa, lo único que presumía mi esposa era, que no pintaba como buena persona. Los primeros días que Candy comenzó a convivir con mi suegra había paz y armonía, dentro de lo que cabía. Limpiaba el corredor, lavaba los platos, le hacia el mantenimiento a la cocina y hasta lavaba el baño; mientras el sobrino de mi esposa le cumplía los gustos que ella quisiera. Cuando había plata de por medio, todo iba marchando perfectamente. Cuatro meses después; a Candy comenzó a crecerle la barriga, de momento se creyó que estaba gorda, hasta que ella misma admitió estar embarazada. Al sobrino de mi esposa se le comenzó a complicar la situación y decide emigrar del país por 2 años 3 meses y 5 días, una vez que su hijo nace. No tenía ni la madures, ni los medios económicos para mantener un niño. Durante ese tiempo, las cosas de valor se desaparecian **como por arte de magia** de la casa. Mi suegra no encontraba su secador y una plancha para el cabello, no se encontraba 40 metros de cable de electricidad, que pertenecía al cuñado de mi esposa. Era un tipo de cable de los que se utiliza para llevar electricidad desde el poste hasta la casa, llamado (bajante). De inicio eso fue lo que comenzó a desaparecer. Todo iba de mal en peor, mi esposa luchaba entre la vida y la muerte, yo trabajaba en un taller de mecánica, con mi hermano, donde estaba ganando bien, pero la inflación era tan despiadada, que apenas alcanzaba para medio comer, aunque hubo casos de personas que morían de hambre. Todo esto sucedía en el año 2017. ¡No quiero ni recordarlo! ¡Ese año fue uno de los peores a causa de la crisis en Venezuela de los últimos tiempos!

El hurto de la laptop de mi esposa

Esta fue la gota que reboso el vaso de agua. Sucedió cuando mi esposa acompañaba a su sobrina de diez años a una casa que queda muy cerca de la comunidad en la cual vivimos. Al momento que llevo a la niña, olvido cerrar la puerta del cuarto, cuando regreso, no estaba la computadora en el maletín, le dijo a mi suegra: **¡Madre** mi computadora no está en el maletín! ¡Debe aparecer, porque yo la deje acá! Comenzaron a buscar y no consiguieron nada. Luego de que no se encontrara, mi esposa le propone a mi suegra revisar el maletín de Candy, pero como mi suegra era **muy inocente** en muchas cosas, dijo: <<no hija pobrecita ella no tiene esa computadora>> nunca se logró revisar nada.

De ratera a delincuente

Mi esposa estaba muy convencida de que la persona con la que estaba viviendo era una ladrona. La despiadada mujer había hurtado muchas cosas de la casa y el sobrino de mi esposa, todavía no se había estabilizado fuera del país. A Candy se le ocurrió la brillante idea de trabajarle a unos delincuentes para vender objetos robados, incluyendo una bomba lacrimógena, que realmente no me explicaba como ese tipo de armamento podían estar en manos de delincuentes; seguro que es por causa de la misma corrupción de algunos representantes del gobierno. Un día mi suegra, abrió los ojos ¡Por fin! Y hecho de la casa a Candy, por haber hecho algo de lo cual nunca mi suegra pudo perdonar, el día que se marchó, las autoridades allanaron el inmueble, buscándola, pero ya se había marchado con su hijo de un año y unos meses. Cuando revisaron el cuarto, tenía un arma, era la bomba lacrimógena. Pasó el tiempo Candy estaba de un lugar a otro, viviendo con su hijo, el cual al igual que ella estaba en unas condiciones deprimentes, tan desnutrido, que al caminar, por nada se caía. Mi suegra al ver, en las condiciones que se encontraba el infante, sintió mucha compasión y le dio una segunda oportunidad. Volvió a la casa, y las cosas fueron de mal en peor, seguía hurtando los objetos de valor en el hogar. Conoció un hombre<<según ella>> mientras no llegaba el sobrino de mi esposa de viaje. Se le tolero muchas cosas, para que no sufriera el niño.

El ultimo hurto

Pareciera que este relato, saliera de una película de acción, cuando los delincuentes dicen: <<vamos hacer el último robo>>. Estaba hablando con mi cuñado en esos días; sobre Candy y como él tiene un nuevo estilo de vida que no lo considera religión, sino una forma de vivir distinta, llamada **<<Universo>>.** Le pregunte— cuñado a mí me gustaría saber, si usted con esos proyectos tan bonitos que tiene con su la familia, ¿**ti**ene pensado llevarse a Candy consigo? El me respondió: **<<el universo se encargara de colocar a las personas donde deban estar, lo negativo no puede estar con lo positivo, ni lo positivo con lo negativo>>.** Y fue así como lo dijo mi cuñado. La ratera de Candy realizo un último hurto, esta vez se lo hizo a la persona que jamás creyó que se lo haría. Fue a su suegra, mi cuñada, quien la defendía a capa y espada. Le hurto un teléfono inteligente, este dinero le sirvió para marcharse a **Colombi**a donde según se está ganando la vida vendiendo chupetas. El niño duro unos meses en Venezuela, mientras ella se estabilizaba. Candy tuvo que resolver su situacion de esta forma, porque el sobrino de mi esposa en el lugar donde estaba, no le alcanzaba el dinero. Con el tiempo supimos toda la verdad. Que tenía hijos de varios hombres, era ratera, no duraba en los lugares que le daban **posada** y por si fuera poco era una dama de compañía con todo tipo de mañas. Mi esposa se curó del cáncer de cuello uterino, **gracias a Dios.**

Reflexión

La reflexión que hago con esta terrible historia es: 1) Hay que saber a quién metemos en nuestra casa 2) Tenemos que poner la lupa con las amistades de nuestros hijos: ¿con quienes están? ¿Cómo es la familia de sus amigos? todo cuanto sea necesario 3) Como me dijo mi cuñado, <<donde esta lo negativo no puede estar lo positivo **y viceversa>>**4) No se puede estar bien con Dios y a la vez con el Diablo ¡Es imposible! 5) **Si pudiéramos prever** las cosas, sería bueno. Hare una referencia del Libro <<el arte de combinar el si con el no>> cuando combinamos la aceptación con la negación; en este caso yo diría que: es bonito la llegada al mundo de un niño, pero no era el momento para tener un hijo, sin planificación, sin dinero, sin la suficiente madures para cuidarlo y protegerlo y principalmente para brindarle una buena educación (ojo) con esto no estoy aprobando el aborto, estoy en contra de ello, simplemente, soy de los que piensa que ese niño pudo haber nacido en otro vientre y con otra mujer, que le pudiera dar un buen ejemplo 6) No soy perfecto, tengo mis defectos, pero las cosas hay que hacerlas de la forma que se deben hacer. Aunque, si Dios lo quiso así no se lo cuestiono, sin embargo, los que leen y estudian la biblia deben estar claros, que Dios nos dio el libre albedrío... para hacer o deshacer... eso quedará en la **consciencia de cada quien.**

Jamás te enamores de una mujer con hijos2 casos

Mi madre nos decía a mí y a mi hermano ese consejo, cada vez que deseábamos tener una pareja; por los inconvenientes que suele pasar en algunas parejas; en las cuales hacen la función de padrastros. Es muy común escuchar comentarios de jóvenes en su plena pubertad o adolescencia decirles a sus padrastros – "tu no me controlas mi vida" tú no eres mi padre" "Tú no tienes derechos sobre mí". O hasta peor que una desobediencia; tener acuestas una denuncia de parte de la esposa; incitado por el hijo o la hija, de violencia infantil; actos lascivos o inclusive violación. Sin embargo no siempre suele ser verdad, puesto que en muchos casos existe una difamación por parte del menor de edad, por causa de celos a la madre o ganas de tener una relación que vaya más allá de los límites establecidos por la moral y la ética que debería existir en una familia. En relación a este tema contare 3 historias y al final daré una reflexión para que ustedes mismos saquen sus propias conclusiones.

Primer caso: El hombre que cometió un error que le costó la libertad

Me llamo Eulises, tengo 44 años. Fui criado bajo una familia católica cristiana, con valores y principios que me permitieron llevar una vida sana y feliz. Estudie arquitectura en una Universidad privada. Admito que tuve una infancia feliz, con todas las posibilidades y comodidades que cualquier persona desearía tener; no pase trabajo para lograr mis objetivos; mis padres me pagaron los estudios y yo no desaproveche esa oportunidad como algunos de mis amigos lo hicieron. Esto me ayudo a ser autosuficiente y así independizarme; por medio de las influencias de mis padres conseguí trabajo en una empresa privada. Me dieron el cargo de jefe de un departamento de diseños; donde permanecían otros arquitectos que mostraban sus trabajos y el que fuera mejor era el que se utilizaría en una obra civil, aunque habían proyectos en los cuales los diseñábamos entre todos los arquitectos; dando cada uno sus ideas. En esa empresa conocí a Fabiana; ella es una mujer luchadora, era secretaria y estaba estudiando durante la noche ingeniería civil en una Universidad pública. Fabiana era una mujer de clase pobre; de unos 20 años de edad; con la actitud necesaria para mejorar su calidad de vida; como dice el dicho <<el rancho lo hace uno y si tu mente no cambia para bien; absolutamente nada que este cerca de ti cambiara>>. Yo en ese momento tenía 23 años. Estaba recién graduado y a pesar de que mi edad ponía a dudar a algunos de mis colegas que tenían mayor experiencia y más edad que yo para desempeñar el cargo de jefe de diseño. El dueño de la empresa se encargó de que mis colegas me respetaran, puesto que según "yo era de la familia". El dueño le debía favores a mi padre; entre ellos uno fue préstamos que le permitieron estar donde estaba. Fabiana tenía una hija de apenas 5 años de edad, la tuvo cuando tenía apenas 15 años, el padre de la niña por ser tan joven los abandono; según Fabiana el sujeto lo conoció cuando estudiaba en la secundaria; jamás se hizo responsable de la niña y sus padres para evitar la presión social se llevaron al joven adolescente hacia otra ciudad; a Fabiana no le quedó otra opción más que terminar la secundaria en el turno de la noche y en el día realizaba algún trabajo que no afectara la salud del feto. Cuando la niña nació; su abuela materna; la madre de Fabiana era quien cuidaba de la niña. Mientras que ella trabajaba y estudiaba un curso de secretaria. Cuando conocí a Fabiana no me llegue a imaginar que tuviera una hija, ya que no parecía ser una madre. Nos vimos y fue amor a primera vista, Me sentía feliz y ella también. Mi relación con Fabiana los primeros años fue a escondidas; muchos en la empresa no sabían que yo tenía una relación sentimental con la secretaria. Fabiana cursaba el tercer año de ingeniería civil le faltaban dos años para graduarse. Cuando por fin lo hizo, yo hable con mis padres para que por medio de sus influencias a ella le buscaran trabajo de inmediato en una constructora y así fue; Fabiana se adaptó fácil y rápido, lo que le ayudo también fue que es una mujer competente y que sabía lo que hacía. Mi jefe tenía una hija trabajando en la empresa; que desempeñaba el cargo de vicepresidenta; ella era mi jefa inmediata; se llama Laura. Esta mujer hacía rato que gustaba de mí; a mí también me gustaba no obstante sentía mayor atracción por Fabiana. Ninguna tenía nada que envidiarse entre sí, en cuanto a las apariencias se tratan; Laura era blanca de cabello negro y de ojos verdes y Fabiana era rubia de ojos Azules. Era muy difícil resistir a la tentación no obstante me pude controlar. Luego de transcurrir 15 años de relación con Fabiana decidimos comprar una casa entre los dos. La niña de Fabiana llamada Lis quería vivir con nosotros; pero su abuela, la madre de Fabiana no le parecía la idea y decía que lo mejor sería que Lis viviera con la señora; porque yo no era su padre y Fabiana y yo viviremos solos en la casa. A mí me daba igual que la adolescente viviera con notros o no. Aunque todo cambio cuando me fui ganando la confianza de mi suegra ya que la muchacha si quería vivir con nosotros porque según decía que nunca había tenido un padre y el que yo estuviera con su madre en una casa adquirida por los dos; era un oportunidad de oro para hacerlo. Al fin y al cabo luego de ocho meses de vivir con Fabiana se cumplió la petición de Lis y de tanto insistir la adolescente convenció a su abuela y a su madre para irse a vivir con nosotros Cuando empecé vivir con Fabiana los primeros 8 meses fueron espectaculares. Y los primeros 6 meses de convivencia con Lis fueron también buenos. Vivíamos como un familia modelo. Pero todo cambio cuando Fabiana y yo decidimos mejorar nuestra apariencia, yendo al gimnasio yo también me anime a la idea de tener una mejor apariencia por nuestra salud y por satisfacción personal. A Lis le pareció la idea y quiso formar parte de esa iniciativa, propuesta por su madre. Tras cuatro meses de constantes ejercicios, Ya Nos comenzábamos a ver como modelos de portadas; Fabiana y yo estábamos felices del cambio que tuvimos y esto motivaba a que Fabiana y yo nos despertaran más ganas a nivel sexual; Fabiana y yo hacíamos el amor casi todos los días, creo que sus chillidos se escuchaban en toda la casa; logre saberlo porque un día Lis de forma insinuante me lo dio a entender; sentí mucha vergüenza. Le ofrecí disculpas y le dije que no volvería a suceder. Ella me respondió – tranquilo lo hecho, hecho esta, las cosas que hacemos no las podemos retroceder. Le conté a Fabiana lo que me había sucedido y entre los dos decidimos tener relaciones sexuales cuando Lis no estuviera en casa o a tardes horas de la noche. Pasaron las semanas y creí que todo había quedado hasta ahí, sin embargo no fue así, fui un iluso en pensar eso. Un día en el cual Fabiana no estaba en casa, solo nos encontramos Lis y yo me dirijo a la cocina a tomar un vaso de agua y de repente escucho unos gemidos, recuerdo que era sábado; el reloj marcaba la una de la tarde. Me fui hasta donde estaba el cuarto de Lis y cuando me acerco me doy cuenta que Lis tenía la puerta abierta; mientras que con sus manos se estaba masturbando. La mirada del ser humano es incontrolable ante alguna cosa que le llama la atención o le causa impresión y curiosidad y así me sentía yo en ese momento. La observe y le dije— ¡¡Por Dios Lis!! ¿Porque haces eso? Ella solo contesto — lo hice porque no pude contralar los gemidos que tú le provocas a mi madre. Lis tenía su posición del cuerpo boca arriba; mientras colocaba uno de sus dedos en su clítoris. Le respondí — te ofrecí disculpas cuando me dijiste, ahora bien, cada vez que vayas a hacer eso te sugiero que cierres la puerta de tu cuarto o del baño si fuera el caso, recuerda que aquí hay normas y no vives sola. Cerré la puerta y me fui; no sé cómo hice para controlarme, pero en ese momento no pasó nada. No le dije a su madre lo sucedido para no ocasionar un conflicto mayor y lo que hice fue quedarme callado. Cada vez que me acostaba pasaba una película por mi mente de lo que había visto y aunque tuviera sexo con Fabiana; no lograba olvidar todo aquello. Un día volvimos a quedar solos nuevamente; yo me dirigí a la cocina; esta vez por un jugo, Lis me llego por detrás completamente desnuda; me abrazo y me dijo - ¡¡Quiero que me hagas sentir mujer!! Esta vez no me pude aguantar; me voltee y comencé a besarla intensamente. Ese día pasó lo que jamás debió suceder. Lis logro perder conmigo la virginidad, paso de ser una simple adolescente a convertirse en una mujer. En la noche Lis siempre dejaba la puerta abierta para que cuando yo lo dispusiera fuera a su cuarto a hacerle las envestidas. Yo evitaba ir por temor a que su madre nos descubriera y para controlarme tenia sexo con su madre que igual era bella como Lis, aunque Lis me provocaba un morbo mayor porque a diferencia de su madre ella era blanca y me recordaba mucho a Laura, la mujer que era hija de mi jefe; la cual por respeto a mi esposa, nunca me atreví en tener una relación con ella más allá de lo laboral. La relación que tuve a escondidas con Lis me costó mi libertad un día en el que pensé que mi esposa llegaría tarde del trabajo, como usualmente lo hacía; yo estaba en el cuarto de Lis y sus gemidos eran tan fuertes; que su madre fue directamente a la habitación de su hija; observando lo que estábamos haciendo. Mi esposa se puso histérica y de inmediato me boto de la casa y no conforme con ello me denuncio a las autoridades por abuso de una menor de edad, seguidamente me detuvieron, y cuando realizaron el juicio en mi contra me declararon culpable, me dieron diez años de cárcel; pero por mi buen comportamiento me redujeron la pena a 5 años. No sé, si decir que estoy arrepentido por lo que hice; porque cuando un hombre está en esas circunstancias se le hace difícil de pensar, lo único que si debo aceptar es que no siempre será favorable estar con una mujer con hijos, porque tú no sabes qué problema pueden tener, que los lleve a tomar decisiones que afecten a terceros; como me paso a mí. Mientras que Estuve en la cárcel, nunca me violaron, porque mis padres con mucho dinero ayudaron a que tuviera protección y así poder sobrevivir el infierno que es estar entre cuatro paredes. Fueron cinco años los que pase encerrado; jamás llegué a pensar que algo así me sucedería; por el hecho de venir de una familia integra, sin embargo no fue así. Dios me ha dado una segunda oportunidad para hacer las cosas bien y eso hare. En lo que respecta a Fabiana y a Lis no volví a saber más nada de ellas. A veces me pregunto ¿Quién sufrió más? Fabiana por haberla traicionado, Lis por haber hecho que perdiera su virginidad antes de tiempo, conmigo que era su padrastro; o yo que sufrí el desprestigio por haber abusado <<según la ley>> de una menor de edad; además de estar preso durante 5 largos años por mi error.

Segundo caso descubriendo una mentira, la historia de la adolescente que estuvo a punto de ir a la cárcel por difamación

Esta historia le sucedió a un amigo al que llamare Robert .A Robert siempre le ha gustado las mujeres morenas, de senos grandes. Mi amigo teniendo apenas 27 años se enamoró de una mujer de unos 30 años, se llamaba Angélica. Ella tenía una hija de 9 años llamada Leila. Cuando la relación comenzó; en un principio Robert y leila se la llevaban muy bien. Leila era una niña inocente que estaba pendiente de las cosas que solo hacen las niñas, como jugar, estudiar y compartir con su madre. El padre biológico de Leila nunca lo conoció. Angélica tuvo que trabajar fuerte para poder mantener a su hija. Mi amigo Robert procuro estudiar cursos de bar tender, cocinero, relaciones humanas y otras para así poder tener mucho más oportunidades y así fue, lo logro. Gracias a su constancia pudo realizar grandes cosas. Y ayudar a Angélica con la que ya vivía en compañía también de su hija Leila. Angélica trabajaba en una tienda donde vendían ropa, ella no ganaba suficiente, aunque en algo le colaboraba a mi amigo Robert. Robert en cambio era quien compraba las cosas que requería su hijastra y también pagaba el alquiler del apartamento donde vivían. Recuerdo que mi amigo Robert decía <<yo no vuelvo a vivir en ese barrio de mierda; porque no nací para estar ahí>>. No sé si lo decía porque odiaba la pobreza, los que vivían en ella o simplemente por vergüenza, lo cierto del caso es duro muchos años manteniendo su criterio. Leila fue creciendo viendo como figura de padre a mi amigo. Y a pesar de ello un día cuando su hijastra cumplió 16 años, comenzó a tener un comportamiento inadecuado con su madre; quizás por su etapa de adolescencia. Leila estaba saliendo con un sujeto de unos 10 años mayor que ella; el hombre era autobusero. Muchas personas los veían y comentaban y esos comentarios llegaron a oídos de su madre, quien inmediatamente le reclamo, diciendo — hija entiende que no es correcto que salgas con un hombre diez años mayor que tú. Leila con insultos le respondió — Yo hago con mi vida lo que me da la gana; además tú no eres quien para venir a darme clases de moral; porque tú te metiste a vivir con un hombre; ese que me buscaste de padrastro, como estábamos las dos; estábamos bien. Discusiones tras discusiones entre madre e hija; un día mi amigo Robert no se aguantó; interviniendo en el problema; el, sentía que era lo justo porque colaboraba con el alimento y también la vestimenta de la rebelde adolescente. Robert le decía— respeta a tu madre; porque gracias a ella es que tienes vida. Leila respondió — ¡¡Tú no te metas!! ¡¡Este problema es entre mi madre y yo!! En ese instante mi amigo cometió el peor error de su vida, se llenó de mucha ira, dándole una cachetada a la menor y diciéndole a su vez — ¡¡respeta a tu madre; que ella lo que te dice lo hace porque se preocupa por ti!! La muchacha comenzó a llorar y diciendo— ¡¡viste lo que permites que tu marido me haga!! Leila se fue de la casa; al día siguiente, en la tarde regresó sin saber su madre donde estaba. La adolescente no mostraba rabia en su rostro; actuaba como si no hubiese pasado nada. Una semana después a mi amigo Robert los vecinos del conjunto residencial donde vivía, lo miraban con desprecio, Robert no entendía lo que estaba sucediendo, hasta que un día recibe una citación por la LOPNNA;<<tribunal que se encarga asegurarle los derechos de los niños niñas y adolescentes en Venezuela >>. Donde refería que "se presumía que el ciudadano Robert había abusado sexualmente de la adolescente Leila; llevando a cabo en la menor, actos lascivos y penetración vaginal, por medio del acto sexual << COITO >>. Robert cuenta que en ese momento entendió porque sus vecinos lo miraban con rabia, desprecio y repulsión. Cuando llego al tribunal en materia de menores ya estaba Leila y su madre esperando su llegada para dar comienzo con la querella. La juez en materia de menores los interrogo de forma individual; a la madre, la hija y el padrastro y luego de escuchar las declaraciones de todos; entraron a una sala grande y procedieron con la audiencia preliminar, la juez pregunto — dígame la versión de los hechos señor Robert — mi amigo volvía a decir, que la causa principal de que su hijastra actuara de esa forma era porque estaba manteniendo una relación con una persona del cual su madre no estaba de acuerdo y que por este entrometerse ella se molestó e hizo y dijo todo aquello para afectar su reputación. La juez llego y le pregunto a la madre de la adolescente si era verdad lo que estaba diciendo su pareja y esta respondió que sí. Entonces la juez pregunto a mi amigo Robert —usted sería capaz de realizarse un examen para comprobar su inocencia. Mi amigo respondió — sí; yo soy capaz de hacerlo, porque estoy completamente seguro de mi inocencia. Por ultimo pregunto a la adolescente— entonces Leila; usted mantiene firme su palabra de que el ciudadano Robert Rodríguez cometió abuso en contra de su persona; ¿estás completamente segura? Porque si llegara a ser mentira tales acusaciones, el ciudadano Robert Rodríguez está en la plena disposición de llevar a cabo una acusación en contra de usted, lo que le conllevaría una condena de 2 a 5 años de prisión, suponiendo el caso. Esto fue más que suficiente para Leila con mucho miedo recapacitara diciendo —¡¡Todo es mentira!! ¡¡Lo que dije lo hice porque estaba molesta!! ¡¡Perdóneme ciudadana juez!! La juez respondió — a mí no es a quien debes pedir perdón, sino a tu padrastro que es el que ha pasado el mal rato, que por tu mal intención, le ocasionaste. Leila miro a su padrastro y llorando de forma desesperada dijo ¡¡Perdóname!! Robert respondió mirando a Angélica — por todo lo que me ha hecho tu hija me provoca es enviarla a la cárcel. Angélica le dijo— ¡¡perdónala por favor!! ¡¡A esa edad es común visualizar los errores de juventud!! ¡¡Tú también fuiste adolescente!! Mi amigo reconsidero la decisión que iba a tomar y le dijo – hagamos algo; la única forma de que yo perdone a tu hija es que ingrese a un liceo militar, en pocas palabras, yo propongo que se debe internar para que tenga disciplina. Leila comenzó a llorar diciendo — ¡¡por favor madre yo no quiero estar en ese sitio!! ¡¡Eso sería como estar en una cárcel!! Mi amigo respondió, entonces la única forma de que yo perdone a tu hija es que se vaya del apartamento. Y así fue que concluyo todo; leila se marchó a la casa de la abuela materna y Robert se quedó en el apartamento con Angélica. Años después Robert quedo sin empleo y decide emigrar del país; estuvo 3 años en Perú, fracaso y cuando volvió Angélica estaba con otro hombre. Ella se quedó con el apartamento y mi amigo no le quedo de otra que tragarse sus palabras y volver al barrio que siempre despreciaba.

Reflexión

Hay hombres que evitan estar con mujeres con hijos, yo en cuanto a este tema diría que debemos saber con qué persona nos estamos juntando. Alguien me dijo una vez <<si quieres conocer a tu pareja conoce primero a su familia>>.1) Si has decidido estar con una mujer con hijos asegúrate que sus hijos no tengan traumas, porque sino, tú serás quien sufras las consecuencias 2) No te confíes; creyendo en la generosidad de la chica o el chico; a veces las apariencias engañan 3) si eres mujer, es importante que sepas que no siempre la pareja que elijas tendrá buenas intenciones con tus hijos; he sabido de violaciones, maltratos psicológicos por parte de padrastros e inclusive de parte de los tíos y abuelos. Hay una historia que contare de forma resumida para que analicen en cuanto a este tema. Se trata de una actriz muy famosa en mi país llamada Génesis Rodríguez, hija del cantante venezolano José Luis Rodríguez. Génesis desde muy joven se destacó en el medio actoral, en parte por su talento y por otro lado por las influencias de su padre, que era cantante, logrando salir de Venezuela y desempeñar la actuación en Estados Unidos , participando en novelas, en este lugar conoció a un actor llamado Mauricio Isla. Estos actores tuvieron un romance a escondidas, cuando Génesis tenía apenas 16 años y Mauricio 31. Según cuentan; Génesis deseaba seguir la relación con el actor Mexicano pero él decía que no era correcto y esto llevo a que Génesis llevara esta información a los medios, y su padre, mejor conocido como el puma lo acuso ante las autoridades, por abuso a una menor de edad, esto lo llevo a perder su matrimonio y ser señalado ante los medios de comunicación y criticado por muchas personas. A lo que pretendo llegar con esta historia es: si esto le sucedió a un actor; el cual no vivía con la menor de edad imagínense por un momento si vivieran con una mujer cuya hija siente atracción por ti, es atractiva, sin embargo tú no sabes sus verdaderas intenciones. Hay hombres que tienen suerte y no les pasa nada en cambio existen excepciones de hombres que están pagando condenas por casos como estos.

Capítulo II. Las apariencias engañan

Primer caso: La que se creía que era de excelente reputación

Vanesa, una mujer que aunque yo no le tenía aprecio; no puedo negar que es una rubia muy linda. Se preparó a nivel académico, estudiando una carrera en una de las universidades más prestigiosas de Venezuela; con reconocimiento a nivel mundial. Se graduó... no con honores, pero logro obtener su título. Antes de dedicarse de lleno al estudio, había conocido a un joven muy apuesto, con el que se enamoró, cuando solo era una adolescente. El joven **al que tanto ella amaba** solo era eso; <<apuesto>> de momento el creía, que el ser atractivo lo era todo en la vida, para poder superarse a nivel económico. Cuando se dio cuenta que no era así; opto **por delinquir**, llevando a cabo robos a gran escala. El joven comenzó a obtener el dinero fácil; tanto así, que al poco tiempo ya tenía bienes mueble e inmuebles a corta edad, esto motivo a que la bonita pareja tomara la decisión de concebir un niño. **Vanesa, si** antes era arrogante, prepotente, y con actitud de altivez, por el solo hecho de ser bonita, lo fue aún más, después que su novio obtuviera lo que una persona honesta le costaría toda una vida obtener. Con el tiempo, este hombre no supo canalizar sus acciones y violo a una menor de tan solo 14 años de edad. Razón por la cual en la actualidad está pagando una condena de 25 años, sumándole los otros actos delictivos que llevo a cabo.

En la actualidad

<<Vanesa>>; una vez que fue encarcelado su novio; con el que **había estado** desde muy joven, las cosas se les comenzaron *a complicar,* con un hijo a cuesta, y muchos gastos por realizar, que anteriormente, no eran de preocuparse, porque su novio solucionaba. Pero esta vez no pudo, ya que mucha de las cosas que había robado hurtado y otras comprado con dinero ilícito, tuvo que venderlas para pagar abogados, además el cobro de <<vacuna>>(pago que se da a los líderes de las cárceles, a cambio de protección y algunos beneficios) en las Penitenciarias de Venezuela donde todos los venezolanos sabemos que es gobernado por **Pranes** (Delincuentes armados que tienen el control dentro de las cárceles).Vanesa se entregó al cristianismo, muchos estaban sorprendidos por la decisión que había tomado. Se había dejado por completo del que fuera su novio y padre de su hijo. Este ya tenía a otra chica más bonita y hermosa que ella. Sin embargo a pesar de haber sido una hija de Dios era muy despreciativa con las personas que se mostraban humildes en su vestimenta. Una vez un amigo me conto que ella siempre lo saludaba; pero en una ocasión, un amigo se encontraba vestido con su uniforme con el que trabajaba la herrería, la chica cuando venía en compañía de una de sus compañeras de trabajo, lo miro de arriba hacia abajo sin disimular, comenzó a burlarse de él, para completar no lo saludo. Él le restó importancia y **siguió su camino.**

Las cosas para Vanesa comienzan a ponerse de mal en peor La crisis agravaron la situación para Vanesa, deseaba mantener la vida que antes había tenido; llena de lujos, comodidades y mucha vanidad, a la que su ex novio la tenía acostumbrada, para nadie es un secreto que : desde el año 2012 al 2020 Venezuela ha estado sumergida en una recesión económica muy grave, esto hizo que muchos cometieran equivocaciones y Vanesa no fue la excepción. Desesperada de vivir en la miseria en la que estaba, opto por pedirle ayuda a un tío, del que fuera su pareja; para que este le ofreciera un trabajo donde pudiera ganar mucho dinero, sin importar el riesgo que se le presentara en el camino. Aquel hombre le dijo; que la forma en la cual podría ganar mucha plata, fácil y rápido, era buscando una mercancía (droga) de Colombia a Venezuela, donde ella ganaría el 50% una vez que se vendiera el producto, ella dijo que no deseaba ser narco mula, porque habían escuchado de personas que por el camino los supositorios se le reventaba y morían; este le respondió, que no había necesidad de hacerlo así, ya que si pasaba por las áreas verdes, (rutas prohibidas, como trochas, ubicadas entre Colombia y Venezuela) con el niño, como escudo no le pasaría nada, los guardias no sospecharían de ella, solo tendría que ocultar el producto, entre la ropita del niño. Vanesa se llenó de confianza, tomo la plata (dólares), se fue con el niño. Al llegar a Colombia se contactó con el tío de su ex pareja, que a su vez se contactaría, con las personas que le darían la droga; una vez concluida la entrega volver a Venezuela. La compra, fue todo un éxito, Vanesa volvió con una bolsa de cocaína pura, (según) que debía entregar al señor el cual la esperaba en Venezuela. De regreso al país, comenzaron a revisar maletines, en cada peaje, donde permanecían los guardias. Vanesa logro pasar desapercibida; por dos alcabalas de vigilancia, pero... al llegar al tercer peaje repleto de guardias revisaron todos los bolsos; incluyendo, en el que llevaba las cosas del niño y se dieron cuenta que llevaba la droga que había comprado en Colombia. A Vanesa la trasladaron a la penitenciaria y las mujeres policías le propinaron una golpiza, por el ilícito que había cometido. El gobierno actúa de esta manera; en vista del rompimiento de las relaciones diplomáticas entre ambos países; porque de s**eguro que si fueran de la misma ideología política** hasta hicieran acuerdos ilícitos; eso es lo que dicen muchos . En la actualidad quienes cumplan condena por trasladar, distribuir o comercializar estupefacientes (droga), no tienen la posibilidad de optar por ningún beneficio ante la ley. Antes al delincuente se le hacía más fácil pasar la droga de Colombia a Venezuela; ahora se le complica más la situación por la gran cantidad de alcabalas que existe en el país. Actualmente En el año 2020 esta mujer sigue pagando condena en una cárcel de máxima seguridad; mientras que el hijo que tuvo con el delincuente lo cuida la **abuela materna**.

El detalle que falto por contar

Nadie, absolutamente nadie, sabía que Vanesa y su ex novio pudieran haber estado haciendo actos ilícitos, con el tiempo fue que se supo todo. Esta información logre obtenerla gracias a un amigo que conoce de muchos años a la familia; de quien era novio de Vanesa.

Reflexión:

No se puede andar por la vida con aires de grandeza, por el solo **hecho de ser guapo o guapa,** si bien es cierto, las personas atractivas tienen un poco más de posibilidades de escalar o lograr éxito en la sociedad, no es menos cierto que hace falta también complementar esa cualidad con estudio, preparación y buenos valores de familia, para que las cosas fluyan de una mejor manera. Porque si no lo haces vendrán las frustraciones y los lamentos, haciendo que algunos pierdan la cordura y comentan errores de los cuales se **arrepientan toda la vida**.

Segundo caso: el hombre en el que nadie creía

La historia de este hombre es digna de mi admiración, porque personas como él no se ven todos los días. Para la gran mayoría de los humanos, surgir a nivel financiero en tiempos de crisis es muy difícil y sobrevivir mucho más. El hombre al que me pareció grato, dedicar este escrito, logro sobreponerse a muchas cosas y mantenerse en la actualidad, con un negocio llevado a cabo con ideas claras y precisas; dignas de un emprendedor en tiempos de crisis. Nadie creyó en él, aun así, está sorprendiendo a muchos en la actualidad. Don Pablo es un señor que vivió en uno de los barrios más peligrosos del estado Carabobo <<Venezuela>> proveniente de Apure, quiso explorar nuevas tierras; decidió emigrar de su **Estado**. Conoció a una señora de unos 50 años; justo cuando él tenía 40 años; la señora... según cuenta el, se vestía muy elegante; razón por la cual lo llevo a enamorarse de la adulta mujer. Ella tenía 4 hijos; todos eran adultos; casados y con hijos. Don pablo cuenta; que hace 23 años cuando comenzó a vivir con la señora; todo era hermoso; **la mujer** le hacia la comida; le lavaba la ropa, le planchaba y a la hora de hacerle el amor; era toda una diosa; mientras que él trabajaba en esa misma casa; en un taller de herrería, latonería y pintura; que él mismo había creado. Le iba bastante bien. Los hijos de la señora Jamás en la vida, se acercaron a visitarla; con constancia y entrega, como todo hijo debería ser. Ellos solo iban en temporadas de fin de año y una que otras **veces en semana santa.**

EL látigo de los años

18 años después la señora no fue la misma de antes, sin la fuerza de antes y con un cáncer alojado en el **colon** que se había convertido en metástasis, causándole un continuo dolor día tras día. Don Pablo era el encargado de estar **pendiente** de la doña, no solo le hacia la comida, sino también se la tenía que dar en la boca, aparte de lavarle la ropa, realizar todos los quehaceres del hogar y por si fuera poco la **aseaba**, puesto que no se valía por sí misma. Algunos vecinos pensaban que esta vez los hijos de la señora, al ver a su madre, **en tales** condiciones **que estaba**, se dignarían en atenderla, pero no fue así; aquellos ingratos hijos iban una que otras veces; aportando a medias, para la compra de algunos medicamentos, ya que en aquel momento, estaba disponible una farmacia popular específicamente EL SEGURO SOCIAL. Pablo iba muy temprano 4 veces por mes a buscar las medicinas y cuando la señora tenia cita con el médico, la llevaba hasta dos veces por mes, todo dependiendo; si debía realizarse quimio o radio. Fueron 5 largos años que Don Pablo anduvo pendiente de la señora, el trabajo y la casa, quedándole poco tiempo para poder disfrutar sanamente los ratos libres; la tristeza y el estrés eran sus compañeros en aquellos días.

Llegada del año 2018

Este quizás fue uno de los años más horribles para don **Pablo;** puesto que unos delincuentes fuertemente armados entraron a la casa, maltrataron a la señora que permanecía en cama; exigiéndole a Don Pablo todo lo que pudiera tener de valor; lo golpearon a él y a la señora. Don Pablo se negaba, por la difícil situación del país que estábamos viviendo en aquel momento; pero no le quedo de otra, que hacerlo, justo después que entrego sus ahorros que tenía para los gastos de él y su mujer; la señora estaba muerta, los antisociales se fueron con todo el dinero. Ese mismo día, Don Pablo llamo a las autoridades, le tomaron la declaración y se llevaron el cadáver de la anciana. Al día siguiente ya los hijos de la difunta, estaban realizando todos los preparativos para darle santa sepultura a su madre y a su vez le exigieron a Don Pablo que se marchara de la casa, le dieron un mes de plazo para que recogiera todas sus cosas y se fuera. El pobre hombre estuvo buscando de un lado a otro, **sin embargo** era sumamente difícil conseguir algún lugar, en tan poco tiempo, además quienes arrendaban, tenían el temor de hacerlo, ya que decían que el **Estado** había creado una ley de inquilinato que según ellos le vulneraba el derecho al arrendador; porque quien arrendaba podía optar a su vez por comprar el inmueble, aun en contra de la voluntad del dueño de la casa. Don Pablo no le quedo de otra que vivir arrimado en casa de un sobrino; quien incondicionalmente, se ofreció en ayudarlo. Don Pablo traslado todas sus cosas a la casa del sobrino; casi todo era material con el que trabajaba latonería y pintura con sus herramientas a su vez traslado un carro de su propiedad, que le habían arrebatado los cauchos y unos repuestos , porque lo tenía parqueado frente a la casa de la difunta y sus hijastros como mecanismo de presión **<<para que se fuera más rápido lo sacaron a la calle>>.**

El muerto después de tres días Hiede

Es un refrán que dicen algunas personas en Venezuela; cuando ya no se quiere la presencia de una persona en una casa; en la cual se le ha dado posada por un periodo de tiempo. Al principio le brindaron mucho cariño y afecto a Don Pablo **no obstante** conforme fue pasando el tiempo, recibía desprecio y humillaciones; puesto que el caballero no les aportaba los beneficios que desde sus mentes ellos creían. La madre del sobrino de Don pablo pensó que este vendería todas sus cosas de valor para consentir todos sus gustos, pero Don Pablo únicamente vendió cosas que no le serían de mucha utilidad; aunque por lo que logre informarme; había vendido el vehículo que tenía sin rueda y al que le faltaban algunos repuestos.

Don Pablo se entrega al cristianismo

Estuvo yendo a una iglesia; donde el que está soltero lo casan; eso le sucedió a Don Pablo, le buscaron una novia mucho menor que él, lo casaron y el señor feliz y contento accedió a unirse en matrimonio con una hermosa mujer y como dice el dicho <<el que se casa... casa quiere>>. Comenzó nuevamente en su búsqueda incansable de un hogar, para vivir con su adorada mujer. La iglesia a la que pertenece, lo ayudo dándole capital para pagar el alquiler en una casa donde estuvieran dispuestos **de aceptarlos**; fueron los mismos pastores de la iglesia; quienes utilizaron sus influencias para que Don Pablo y su esposa le alquilaran el inmueble; una vez que lo obtuvo, monto su negocio de Herrería reparando repuestos de carros en una comunidad, mucho menos insegura que donde vivía con su antigua esposa que falleció. En la actualidad este inteligente y sabio caballero es admirado por muchos incluyéndome; mientras que otros no logran creer en el avance que ha llegado; después de estar en un abismo económico, ahora esta medianamente mejor; porque con la idea que ya tenía, la puso a valer a tal medida, que ahora para muchos, si es un señor inteligente con ideas de emprendimiento. Y eso que pocos creyeron en él; sin embargo este nunca perdió la fe. Lo último que supe que había dicho Don Pablo era: **<<al fin me siento verdaderamente feliz por mi m**ujer y desempeñando el oficio que me gusta hacer>>

Reflexión

1)Nunca subestimes a nadie, porque no siempre se sabe quién es quién.2)Don Pablo jamás perdió la fe en Dios, a pesar de todo lo que la había sucedido. En un país, donde el **delincuente** pareciera que lo consintiera el Estado; y muchos venezolanos que sufrieron atropellos de estas personas sin sentimientos, saben a qué me refiero; se debe aplicar la coercibilidad de la ley hacia el victimario, de manera que no se sientan tan libres en cometer atropellos en contra de personas como este humilde trabajador.3)He logrado conocer muchos casos de hijos desleales que no están **pendientes** de su **madre ¡La que les dio la vida!** Y por lo general sufren las mismas consecuencias, le sucede lo que algunos le llaman la ley del bumerán.4)Napoleón Hill, en su libro << piense y hágase rico>> refiere que cuando una persona tiene una buena idea y lucha incansablemente hasta materializarla, existen altas probabilidades que esa persona logre tener mucho éxito en la vida. Don Pablo tuvo una idea, creyó en sí mismo, lucho incansablemente hasta lograrla y a su vez, Dios no lo dejo **desamparado.**

EL PODER DEL CONOCIMIENTO

Esta historia es un claro ejemplo de que a veces en la vida el ser un inmigrante no significa que no mereces tener una oportunidad; no solo para trabajar; sino también para ganar lo que por tu sabiduría te mereces; sin ánimos a ser discriminado por venir de otro lugar con valores, principios y leyes totalmente diferentes a la del país del cual has recibido trabajo.

Me **llamo Pepe**. Soy técnico de refrigeración; graduado por medio de un curso que realice en el INCE, ahora llamado INCES << Instituto Nacional de Capacitación y Educación Socialista>> en el año 2000 Además de eso tengo más de 20 años de experiencia. Fui profesor en el mismo instituto en el cual me gradué. También serví como instructor en la empresa petróleos de Venezuela, capacitando a los ingenieros que trabajaban en PDVSA. Luego de estar 5 largos años trabajando en refinería, decidí retirarme, para emigrar a otro país; por considerar que no ganaba lo suficiente, por toda la información que les transmitía a las personas que requerían de mi conocimiento. Recuerdo que yo era el que tenía mayor experiencia para resolver los problemas cuando las cosas en la empresa se ponían color de hormiga, en cuanto a problemas de las maquinas industriales se refería, en el cual ni los ingenieros con los títulos o currículos **más extensos** podían resolverlos. Luego de haber dado clases cuatro años y medio en el INCES y cinco años en Petróleos venezolanos; decido retirarme de mis funciones; para emigrar a **Perú**, donde comencé de inmediato a buscar trabajo como técnico de refrigeración con más de 20 años de experiencia. Por los documentos que entregue en varias empresas; finalmente fui contratado para trabajar en una compañía donde existía la posibilidad de optar por cualquiera de los cargos de alto rango y de mejor beneficio para mí. A pesar de tener un excelente currículo, que me podía permitir optar por un cargo en la empresa lo suficientemente justo para mi nivel de conocimiento. Los dueños de la empresa me **dijeron** — Lo sentimos señor Pepe nosotros no podemos darle un cargo como el que usted desea, ya que para poder permitir que usted siquiera pueda hacer un mantenimiento preventivo al sistema de aire acondicionados industriales y todo aquello que guarde relación con el sistema de enfriamiento; nosotros debemos estar completamente seguros de que usted está capacitado para manipular esos aparatos y un simple currículo no nos dará fe de que lo que usted según hacia allá en su país, es completamente cierto, nosotros no estamos seguros si lo que está escrito en ese documento sea verdad o nos está mintiendo; como lo hacen muchos de sus compatriotas, con el único fin de optar por un alto cargo.

Me quede callado y pensativo; ellos decidieron asignarme el trabajo más duro de la empresa; como si eso fuera poco; laboraba 12 horas diarias; de lunes a viernes. Terminaba molido, acabado, una vez que llegaba a la casa donde vivía arrendado; lo único bueno de todo **esto era que** con lo que ganaba me alcanzaba para enviarle dinero a mi familia la cual estaba en Venezuela, comprar la comida y pagar todos los servicios del lugar donde estaba viviendo. Los primeros 6 meses en Perú fueron difíciles para mí; ya me estaba desmotivando en el sitio donde me encontraba, por considerar que mi conocimiento de nada servía; mientras que estaba en la empresa que me otorgo el trabajo de obrero. Un día sucedió algo inesperado; algo que cambio por completo la trayectoria de mi existencia; y fue que uno de los compresores industriales estaba trancado <<NO ARRANCABA>>. Uno de los dueños de la empresa solicito el servicio de técnicos e ingenieros para que resolvieran el problema, llevaron aparatos sofisticados con la finalidad de intentar solucionar el inconveniente que impedía el funcionamiento del imponente compresor. Tras más de 4 intentos fallidos <<DE PROFESIONALES CAPASITADOS Y EXPERTOS EN EL RAMO>> Que llegaban y se iban sin solucionar el problema del cual, los que según sabían más que yo y tenían un buen cargo tampoco podían resolver. Uno de los jefes se aproximó dónde estaba la maquina diciendo — Vamos a preguntarle al Venezolano, a ver si es que puede sacarnos de esta situación en la que estamos, claro... como lo mostraba en su currículo; <<que según es un sujeto con más de 20 años de experiencia>>. Porque este inconveniente nos tiene complicados por más de tres meses y hemos traído técnicos e ingenieros, pero no han podido dar con la causa. Yo escuchaba a una distancia considerable lo que decían; **pero** no emitía ningún gesto de querer ayudar; hasta que me preguntaran directamente a mí. Uno de mis jefes se acercó y me dijo — Pepe ¿crees que puedas resolver este problema? Con la convicción que me caracteriza le respondí — sí, yo puedo solucionar ese problema — Uno de ellos respondió — si es así demuéstrelo y tendrá su recompensa. Me acerque; busque un cincel y una mandarria y le di dos martillazos a un extremo del compresor estando previamente encendido; luego de la acción realizada; el compresor comenzó a funcionar; los jefes quedaron sorprendidos e inmediatamente me preguntaron — Y ¿cuánto nos vas a cobrar por eso? Le conteste — Son mil dólares — uno de mis jefes respondió —¿QUE? ¡¡USTED LO QUE ESTA ES LOCO!! Nos vas a cobrar mil dólares por dos martillazos que hiciste. — Le respondí — no; los dos martillazos tan solo le costaran un dólar; pero mi conocimiento... Ese es el que les va a costar 999 dólares. Los jefes se quedaron sorprendidos; de ver que yo no era tan estúpido como ellos pensaron desde un inicio; ya que si me hubiesen contratado como el técnico encargado de hacerle la revisión al sistema de enfriamiento de la empresa, no estuvieran pagando por mí, más de lo debido. Mis jefes me pagaron lo que les pedí; y después de eso más nunca buscaron a un técnico o ingeniero especializado para que les resolviera los problemas que guarden relación con el enfriamiento. Ahora soy un contratado con todos mis beneficios laborales y ganando más que suficiente para poder ayudar a mi familia y solventar mis gastos.

Reflexión:

Arquímedes dijo sobre la palanca: «Dadme un punto de apoyo y moveré el mundo». Yo argumentando un poco más su teoría, diría que la herramienta de nada servirá sin el conocimiento de por medio, que es esencial para poder mover el mundo y todo el conjunto de cosas que lo conforman. Me pareció necesario e importante colocar esta anécdota, ya que he notado como algunos de mis compatriotas venezolanos sufren de vejaciones y maltratos psicológicos por parte de algunas personas residentes en los lugares donde muchos de estos compatriotas se encuentran. Sin embargo existen excepciones de personas de buen corazón que los tratan bien, como se lo merecen; a ellos mis bendiciones; ya que gente como esta es la que necesita el mundo para que sea mejor cada día.

Capítulo III. El tiempo pasa el cuero se cae y no se mantiene

Estaba en una reunión con mi familia, de repente llego la hija de una señora. La señora es amiga de mi cuñada. Conversábamos, mientras que una adolescente, hija de la señora, estaba conectada en las redes sociales, la señora dijo una palabra, que me permitió llevar a cabo la siguiente reflexión. Pero antes de informar lo que dijo, voy a dar una breve reseña de esta ya adulta señora, llena de resentimientos y frustraciones. A esta adulta mujer la llamare **Estrella** y a su hija, luna, me remontare a unos 20 años atrás, cuando Luna aún no había nacido: Estrella nació de una familia humilde; muy pobre y sucumbida en la ignorancia, pero había algo que tenía a su favor; era joven **y guapa**, su piel se mostraba blanca como el cielo, su cabellera era tan larga y lisa, que le llegaba a su cintura, sus ojos eran negros como el azabache y ni hablar de su rostro y su boca. Tenía tan solo 17 años, conoció a un hombre 10 años mayor que ella, que desde la perspectiva de estrella, era como ver a su príncipe azul, además aquel sujeto era muy recorrido de la vida, tal vez no tanto para la edad que tenía, **aunque si** lo suficiente para ser el novio y compañero de vida de estrella. Entre, regalos, atenciones, paseos y visitas, Estrella término enamorándose de este caballero. Se casaron. Los primeros 5 años, todos fue una maravilla. Cuando nació la niña, a quien llamaron Luna, los primeros años también fueron muy bonitos. EL príncipe azul, como lo veía Estrella, trataba a su niña con mucho amor, le compraba todo lo que **requería,** comportándose como el padre ejemplar que toda niña desearía tener. Un detalle que no puedo dejar pasar, es que **Estrella** dejo los estudios, nunca había trabajado, ya que su príncipe se la llevo de su lugar de plebeya, a su castillo de amor. Así fueron transcurriendo 13 años aproximadamente, y estrella comenzó a pisar sus 30 años, por ser muy blanca, y estar inactiva, sumado a que había dado a luz a luna. Fue perdiendo su belleza. Comenzaba a verse gorda. Ya no era la estrella de antes, su belleza se estrelló y fue a parar en el baúl de los recuerdos. El príncipe, de a poco, comenzó a convertirse en sapo. Ya no era el mismo caballero de antes. Comenzaba a salir con otras damas, más jóvenes y más guapas, que Estrella. Salía también con mujeres casadas. Le hacia el amor a Estrella, pero no de la misma manera e intensidad que antes. Lo que sí, no se puede negar es que él era en su apariencia y comportamiento un príncipe y al pasar el tiempo se convirtió en sapo, siempre fue y ha sido cariñoso y atento con su hija.

La gota que reboso el cántaro

Estrella, en vista de lo que estaba sucediendo, busco la manera de relacionarse con personas cerca del lugar donde vivía, para ver si de esta forma, por medio de personas prosperas hallaba la manera de aprender un oficio que le permitiera ser útil e independiente en la vida. ¡Lo logro! Aprendió el arte de arreglar las uñas de las manos y de los pies, consiguió trabajo en uno de esos lugares de belleza estética. Aunque fue bueno el estar trabajando, mientras su esposo también lo hacía y su hija estaba en el liceo, un día, algo sucedió donde **laboraba,** que le impidió trabajar, por lo cual su jefa le pidió sin inconveniente alguno marcharse a su casa hasta el día siguiente que todo estuviera resuelto. Había **sucedido un problema** que tenía que ver con la electricidad, situación que impedía la utilización de algunas máquinas necesarias para desempeñar su labor. No le quedo de otra más que irse para su casa. Llego como a las 11: 30 de la mañana. No toco la puerta porque pensaba que no había nadie, ya que su hija salía del instituto de estudio a las 3 de la tarde y el esposo **"según"** iba a trabajar hasta tarde. Abrió la puerta de la entrada, cuando subió a su habitación, encontró al sapo <<su príncipe>>... haciendo el amor con unas de sus tantas amantes. Estrella lo insulto, al tiempo que lloraba de dolor y rabia a su vez, lo corrió de la **casa y** a las dos semanas volvió,<<ya que el hombre, era quien cubría los gastos más fuertes del inmueble>>

Volviendo a la reunión familiar

Estrella no siendo la misma mujer hermosa que era antes, con las arrugas de sobra y su belleza angelical ausente por el pasar de los años, aconseja a su hija, dada su experiencia con su esposo, diciendo: — ¡Por eso yo le **digo a Luna,** que se vea reflejada en mí; con su padre; al que le di toda mi juventud; los mejores años de mi vida, y mira como me pago... siéndome infiel. Solamente una sola cosa te voy a pedir Luna, estudie bastante, dedíquese al máximo en el saber de la vida, en lo que respecta **a tener una** título **Universitario**, para que el día de mañana, si el hombre que elijes de compañero de vida, decidiera dejarte por otra mujer más joven y más bella que tu... tengas como defenderte y no pases trabajo ¡Es por eso, que muchas mujeres no le queda de otra que prostituirse, para poderse valer por sí mismas! ¡Porque toda la vida han sido unas mantenidas! ¡Nunca han trabajado! ¡O muchas veces les sucede como a mí, que callo y aguanto, porque se, que yo en este momento, no podría cubrir con todos los gastos de la casa! Su hija, incomoda, con tanto consejo de la madre, dijo — ¡Ya **madre**! ¡Tú siempre con lo mismo! ¡Mira como mi **padre** me trata de lo más lindo! — ¡**Ese es el error que tienes Luna, crees** que porque tu padre te trata bien, por ser su hija todos los hombres lo van a ser contigo! Te voy a decir algo que me decía mucho mi abuela, pero por mi inocencia no lo pude comprender... << **El tiempo pasa, el cuero se cae y no se mantiene>>.** Y siempre te lo he dicho, el hecho que tu padre sea como lo es contigo, no significa que los hombres que te busque para tener una relación amorosa lo vayan a ser. Ninguno de los familiares que estaban en la reunión, emitió alguna palabra de ese tema, para no causar más incomodidad de la que ya tenía Luna. En mi opinión, estoy muy de acuerdo con las palabras de Estrella. Mi madre siempre me ha dicho que una mujer jamás debe depender de un hombre. Porque en el momento que eso sucede y no busca superarse en la vida, cuando el cuerpo no tenga la misma fortaleza y pierda su belleza, si el hombre no valora lo espiritual y siempre vive de la apariencia... habrá perdido el tiempo y para cuando se dé cuenta, puede que sea demasiado tarde...por eso a las mujeres le aconsejo nunca dependan al extremo de un hombre.

Capítulo IV. Cree en ti

Acababa de cumplir mi jornada de trabajo de la mañana y mi amigo **Nixon** se acercó al taller de mecánica, donde trabajaba con mi hermano, quien era el mecánico, y yo el ayudante . Nixon estaba triste, porque en la casa donde vivía con su hermana, el primo y el esposo de la hermana. Lo estaban presionando para que buscara donde mudarse; si en una semana no encontraba trabajo. Esto pasaba; porque en Venezuela la crisis económica en el año 2017 estaba agravando la situación de muchas personas, a tal punto; que algunos venezolanos no tenían que comer. Mi amigo me dijo. — ¡Estoy desesperado; no sé qué hacer! Mi hermana me quiere botar de la casa y no se para dónde irme. Le dije que buscara un trabajo; donde pudiera ganar salario mínimo y así ayudarse en algo. El me respondió —¡Pero eso es imposible! Porque el salario mínimo de una quincena solo alcanza para un kilo de arroz o medio cartón de huevos. Tú en cambio trabando la mecánica; superas el salario mínimo y ganas hasta 10 veces más que yo; además, tampoco tienes que pagar pasaje. Porque tu trabajo está muy cerca de tú casa. Es más !Quieres que te diga una cosa! todos estos días he **estado planificando**... ¡Suicidarme! ¡Acabar con mi vida y así no sufrir más! No me alcanza el dinero que me dan en los trabajos; vivo arrimado en casa de mi hermana, que ni siquiera esa casa es de mi cuñado. Mi vida es así de infeliz, por culpa de mi mamá, que le dio por vender la casa que teníamos; todo por ir a olerle los **pedos a mi** papá, ¡Para nada porque se buscó una mujer 20 años más joven que mi madre! De momento no supe que decirle; cuando me dijo que quería suicidarse; ya que supe sobre dos casos de hombres que por situaciones similares se suicidaron. Me llene de valor y sin miedo y mucho menos inseguridad, le dije lo siguiente: Nixzón... tú me dices lo que hizo tu **madre** con la casa, puede que tengas razón, ella hizo una laxada; yo gano diez veces más de lo que podrías ganar tú, es verdad. Pero hay una ventaja a tu favor, que no vez:1) Estas soltero y sin compromiso, sin ninguna mujer, más **que tú,** y tu madre y por ahora con tu hermana que te exige. Yo en cambio estoy casado y tengo una esposa a la cual debo ayudar; ya que se curó de un cáncer y en este momento ella no debe trabajar para que no se estrese.2) Tengo un hijo varón al que amo y adoro; pero me genera un gasto fuerte y ahí estoy luchando. Tú en cambio no tienes hijos.3) Tengo que contribuir con la alimentación de mi mamá, ya que como tu bien sabes al devaluarse el salario mínimo, lo mismo le sucedió a las pensiones de los adultos mayores.4) Eres un chico de 21 años; **Tienes toda** una vida por delante; yo en cambio ya tengo 31 años encima, con una crisis y varias responsabilidades a mi espalda. Sin embargo estoy aquí; aguantando mi pela con un trabajo que no me gusta; pero guerreando, porque yo creo en Dios; estoy seguro que mi oportunidad va a llegar. Y de paso, porque yo no tuve hogar; mi mamá no me apoyo en esta situación difícil que pase con mi núcleo familiar. En vez de hacerlo, lo que hizo fue botar a mi familia de su casa; no obstante yo estoy ahí con ella apoyándola hasta donde mis posibilidades lo permitan. Tú lo que debes hacer es irte del país ya que tus posibilidades de progreso aquí...son escasas. Busca la forma con un amigo, cuando te marches, busca trabajo, reúne el dinero para que compres una casa en Venezuela aprovecha que hay un poco de locos; tan locos como tú, vendiendo sus casas a precio de gallina flaca. Lo único que debes hacer es creer en ti, que si puedes y te darás cuenta que nada es imposible si te lo propones.¡No lo puedo creer lo que te paso mi amigo! ¡Has pasado por una situación más fuerte que la mía! Voy hacer lo que tú me dices, trabajaré duro incansablemente en Colombia y reuniré plata para comprarme una casa en Venezuela ¡Yo soy joven! sin ninguna responsabilidad, más que la mía y la de mi madre. Haré lo que tú me dices.Nixzón se quedó como el hielo (frío) no podía creer que a pesar de lo que me sucedió yo aún seguía riendo, sin rendirme.

Al tiempo Nixon se marchó del país, rumbo a Colombia donde se comenzó a cultivar... no se realmente... que cultiva pero por lo menos está trabajando.

Capítulo V. El equilibrio

Cierto día estuve hablando con mi amigo Carlos, sobre lo fuerte que la está pasando a causa de la crisis económica en Venezuela. Le pregunte, que había sucedido con la compra de mercancía que traía fuera del país, para venderla a quien la necesitara en la zona donde estaba residenciado; él me contó que luego de viajar 3 veces a Colombia; se descapitalizó; ¿ cómo paso? le pregunte — el me contesto— lo que paso fue que en los primeros 2 viajes que hicimos fiamos la mercancía y la mayoría de las personas llegaron **como unos corderitos**, para que se la diéramos ,(Recibir el producto y después pagarlos) posteriormente se convirtieron en unos demonios a la hora que nosotros le cobrábamos . Esas dos primeras veces dispusimos de un capital que nos dieron, a mi esposa y a mí, en una empresa, en la que trabajamos; luego que renunciáramos; siendo esa nuestra liquidación. Como no teníamos dinero porque habíamos quedado descapitalizados; tuve que trabajar ¡Como nunca lo había hecho en mi vida! ¡Cortando monte como un condenado! Dure casi 4 meses reuniendo la plata ¡Ganaba bien! ¡Me alcanzaba hasta para aportar en la casa donde vivíamos con la suegra! ¡Y le mandaba a mi mamá! Logré obtener el capital por segunda vez; para realizar nuestro tercer viaje. Tenía aproximadamente como 170 dólares que previamente fueron enviados a otro país, porque al momento del cambio a pesos **colombianos**, nos darían más dinero que llevarlo desde Venezuela.Bueno amigo mío, aquello fue un desastre. La muchacha que debía hacer el depósito de Chile a Colombia, no lo hizo bien y se equivocó por un número, después de hacer una larga cola, tuvimos que llamar para que nos solucionaran el problema desde Chile; pero la llamada no caía, ¡Volvíamos a insistir! No nos quedaba más dinero ¡Eran ya las 5 de la tarde sin comer, cansados! ¡Ya me quería venir! No nos quedaba dinero ni para alquilar un teléfono una, señora se compadeció de nosotros y nos regaló una llamada ¡Y por fin **logramos contactarlos**, hasta solucionar el inconveniente del dinero . **Era demasiado** tarde; así que, decidimos comprar ropa, para mi esposa, mi suegra, mi cuñada y para mí; quedando descapitalizados, pero con la **Fe,** de que cuando llegara a casa de mi suegra; me pudiera contratar de nuevo y así poder volver a comprar mercancía. Sin embargo no fue así; mi suegra que tanto amo, busco a otra persona para trabajar en la obra y me **excluyo**. Yo sin pensarlo 2 veces hice mis maletas y me fui inmediatamente. Analizando toda esta situación le dije: —Bueno Carlos quiero que analices varios puntos 1) si vas a realizar un negocio debes hacer un estudio de mercado. Para saber cuáles productos tienen mayor salida a la hora que los vayas a vender .De manera que tengas una variedad de clientes y que estos dispongan la plata para pagarlos. Para eso debes tomar en cuenta un principio muy antiguo y básico desde mi punto de vista, pero importante .Es que si voy a vender joyas debo ir al joyero, si voy a vender frutas debo ir al frutero; de manera que hagas lo que mejor te convenga .Esta información la obtuve de un libro llamado: El hombre **más rico de Babilonia.** El autor del libro no lo recuerdo, pero si una pequeña parte. Arkad; quien fuera el hombre más rico de Babilonia, el, fue solicitado por el rey para que trasmitiera sus conocimientos a la población, ya que Babilonia había sufrido muchas invasiones y era necesario una persona con amplios conocimientos financieros para hacer que el imperio <<de aquel entonces>>volviera a su **Estado** de prosperidad; con el cual se caracterizaba, se reunían muchos comerciantes en templos, con el fin de aprender las sabias enseñanzas dadas por <<**El hombre más rico de Babilonia**>>. Recuerdo que de lo que leí a una persona que levantó la mano, dando una anécdota, de un momento de su vida del cual invirtió, comprando joyas en la frontera que según eran de valor, pero resultaron ser falsas .En esta historia Arkad opino, diciendo — si quieres vender joyas, debes ir primero al que vende joyas y si quieres aprender a cortar madera ve al carpintero.

2) debes tener más frialdad a la hora de ser comerciante, porque el comerciante es capitalista. **Si fuera posible desde un principio debes** ser hasta un poco miserable contigo. 3) aunque suene egoísta lo que te voy a sugerir debes hacerlo de ahora en delante de esa forma: <<primero tu; segundo tú y tercero tú>> Porque si tú no estás bien; los otros no lo estarán. Es más fue tanta la entrega que tuviste con ellos; que ni siquiera lograste comprarte un teléfono inteligente en estos días... que pudo ser una útil herramienta de trabajo para ti en este momento. 4) Para llevar a cabo un negocio; no confíes en personas que no te van aportar nada; o que no les interesa en absoluto lo que tú piensas hacer. De paso te pusiste a comprarle cosas a una señora que obviamente al fin de cuentas no te lo termino agradeciendo. Mi amigo respondió muy triste diciendo: —**Que cosas Wilber...**¿Porque no llegaste a mi vida antes? — Le respondí — recuerda que tú estabas locamente enamorado de tu novia, tanto así; que ¡No creías en nadie! — Respondió— tienes razón... las cosas que uno hace por amor. Para no desanimarlo a crecer; en vista de lo que le estaba sucediendo; le dije — tranquilo amigo; que la vida nos da segundas oportunidades; además tu eres joven; no tienes hijos y todavía es que te queda por vivir. Luego de esta conversación se marchó; con la finalidad de hacer las cosas de una mejor forma.

Capítulo VI. Cuando se quiere decir la verdad pero es complicado

Un amigo me contó sentirse muy frustrado por querer decir la verdad, de una situación irregular que sucedía en casa de su suegra, pero el sentía que no debía hacerlo, yo le dije: —Pero. Hazlo, si es que ¡Por la verdad murió Jesucristo! Él se echó a reír y me dijo: Jajaja (risas) se irán a morir varios... Te contare que es lo que sucede:—Estoy viviendo en casa de mi suegra. Tengo una cuñada que a sus 18 años es muy **cachonda <<mujer muy activa en el sexo>>**, con tan corta edad, tiene un cuerpo de una mujer de 20 años. Le pregunte, — ¿porque te sientes así? Si ella es alegre; es su vida. El me respondió; —lo que sucede es que me acosa; me busca ¡Y no sé qué hacer! porque no quiero crear una confrontación familiar ¡ Tú te imaginas, que yo le diga a mi novia <<mi amor tu hermana **esta rara** conmigo; quiere que la cabalgue **coito**>> ¿cuál crees que sea su reacción? Tu eres tan iluso como para **creer que me diga**: <<tranquilo mi amor dale candela que cualquier cosa **eso queda en familia**>>.Me reí un poco de lo que me dijo y continúo diciendo. — Y la cosa no queda ahí, de paso tiene un novio y un amante; el amante es nada más y nada menos que su primo; un hombre negro de buen aspecto. Le respondí — ¡Que bravo! esa mujer es peor que un hombre; después dicen que uno es el perro; como se le podrá decir a ese tipo de chicas para no ofenderlas; ¿necesitadas? O ¿solidarias? Él enseguida contesto — Yo les digo golfas para no decirles putas... Jajaja<<risas>>. Y lo peor de todo es que mi novia y mi suegra lo saben, pero no dicen nada. Además, el novio ni me cae mal, es buena gente. Yo sospecho, que ese primo de mi novia, lleva también relaciones sexuales con mi suegra; que prácticamente **lo mantiene**; ¡Él en esa casa no hace nada! Mi suegra tiene ya 6 años sin tener pareja; es una señora muy atractiva. Ese tipo, es un sin vergüenza; mientras yo trabajo como un burro en la casa, él no hace nada ¡Aquello es un desastre! Lo que falta es que también tenga sexo con mi novia. —¡Ya va! espera...Recapitulemos: tu cuñada te acosa; que a su vez tiene sexo con su primo, un hombre negro, ella también tiene sexo con el novio, y para cerrar el primo mantiene un romance, con tu suegra, una señora que por las características físicas que me das, es una mujer atractiva y urgida de sexo desde hace ya 6 años . ¡No; mi pana<<amigo>>; eso es una batidora láctea, en la cual los que faltan, eres tú y tu mujer, para que salga un pote espeso y puro de leche condensada.—lo dirás jugando; pero es la verdad. Me da risa y a su ves rabia, de ver lo que pasa y no poder decir, ni hacer nada. ¿Qué crees tú que debo hacer? Le respondí — lo que tú debes hacer, es quedarte como en la cédula, callado, No decir, ni hacer nada. Te voy a decir cómo me dijo una persona, que cree en el universo: ¡Déjalos que cumplan su proceso! ¡Es un ciclo que ellos mismos deben cerrar! ¡El universo se encargara, de que cada uno de ellos pague por sus errores! Si llegaras a meterte en esa situación quedaras como la chismosa del barrio. A esta persona no le gustó mucho lo que le dije y se fue inconforme; porque realmente eso no era lo que quería hacer. Quería buscar una manera en la cual el novio de su mujer, por lo menos supiera la verdad. Mi amigo como que se le olvidaba que él era un arrimado en aquella casa y en la vida lamentablemente hay cosas que por nuestro bien; resulta mejor no **decirlas**. En la actualidad: Mi amigo se quedó sin trabajo, mientras vivía en casa de su suegra, quien era a su vez su jefa; en resumidas cuentas le quito el trabajo a mi amigo, para dárselo al sobrino, el cual a ella le hacia el amor. Y para completar su novia a la que le fue fiel, durante 4 largos años, le termino por medio de un mensaje de texto. Luego que este, no le quedara de otra que volver a la casa de su madre, después que quedo sin trabajo. A veces digo que la vida es injusta, pero analizando las cosas bien, pienso que fue necesario que pasara de esa forma, ya que si la madre y la hermana, eran infieles o calentonas, que se podría esperar de la novia de mi amigo. Son personas toxicas y preferiblemente la ruptura, fue lo mejor que le **pudo haber sucedido.**

Capítulo VII. Principios versus amor

Primer caso: O estamos lejos de tu familia o nos separamos

Estuve hablando con un amigo que llego a casa de mi madre. Le hice una pregunta en relación a su vida .Estaba muy curioso por saber ¿Porque a sus 40 años no tenía hijos? El me respondió que no se le había presentado la oportunidad con la chica ideal .Eso a mí me pareció muy extraño, no quiero que parezca raro de mi parte lo que voy a destacar y es que mi amigo es bien parecido, un rubio; de ojos azules y de 1;80 de alto, un prospecto . Luego le pregunte: **¿porque?** ¿Es que acaso tú nunca en la vida te has enamorado? Él me contó su historia diciendo lo siguiente: Si... me enamore completamente de una mujer, hasta el punto que me iba a casar, **no obstante** sucedió algo inesperado que cambio nuestras vidas por completo. Todo estaba marchando a la perfección; salíamos a comer helados, trabajábamos juntos. Llevábamos 3 años de novios .Para aquella época yo tenía 27 años y ella 24. Todo eso sucedió en otro **Estado** muy lejos de aquí. —Le respondi— ¡No entiendo mi amigo! ¿Qué fue lo que paso? Si todo iba tan bien; no se supone que estaban enamorados. — ¡Pero deja que termine de contarte! No me interrumpas. Me quería casar y mudarme solo con ella para otro **Estado,** como este por ejemplo. Ella me dijo que si, que estaba bien que era capaz de hacerlo y si fuera necesario... hasta el fin del mundo. Al principio le decía que era necesario mudarnos de ahí por la falta de oportunidades que se veían en ese lugar, **sin embargo** realmente ese no era el motivo. Lo que sucedia era que ella tenía dos hermanos, de mejor apariencia que yo. No puedo negar que eran muy atractivos. Parecían actores de novelas. Casi todos los días de la semana metían una mujer diferente en la casa donde vivía mi ex novia; ese lugar parecía una pasarela, donde las únicas dos personas que verían y disfrutaban el espectáculo en primera fila; iban a ser mis ex cuñados. Yo estaba notando toda esa situación y sacando mis propias conclusiones, era que; si me quedaba a más de 300 metros de distancia; de seguro que los hijos que yo tuviera en un futuro; verían ese mal ejemplo y **terminrian** haciendo lo mismo. Ya teníamos todo listo; nos íbamos a casar en una iglesia que quedaba muy cerca de donde vivía ella, pero faltando una semana para el matrimonio, **Sucedió** algo horrible en su familia.Su padre se suicida, ya que no aguantaba vivir con la vergüenza de **que le descubrieran haber sido amante por muchos** años de una mujer cuya confianza se había ganado con la familia de mi ex novia, desde hacía muchos años. Espere que pasaran unas semanas, para recordarle a mi futura esposa lo que habíamos planificado. Ella me respondió; que no se iría conmigo a ningún lado, por lo que había sucedido con su familia; porque no se sentía capaz de dejar a su madre sola en esa situación tan lamentable y cerro diciendo que<< **su familia es su familia>> .Le dije que le daría** una semana para que lo pensara; con cabeza fría, si aún le continuaba pareciendo la idea de quedarse en compañía de ellos, su decisión se la iba a respetar. Ella respondió que estaba bien. Transcurrida la semana, me dirigí a su casa y me dijo <<**es mi última decisión no dejaré a mi familia por nada ni por nadie>>**Le respondí —si es tu última decisión... aquí no hay más nada de qué hablar. Me pare de la silla, me fui y saliendo de esa casa... era llorar como un niño. Y hasta el sol de hoy no la vi más nunca en mi vida. Duré como seis meses despechado. Pensé que la tristeza me iba matar. Aunque no fue así; aquí me vez vivito y coleando. Lo único que te diré con esta historia, es que jamás permitas que tus valores y principios se vean coaccionados por personas que te quieran manipular por el hecho que tú las ames o sientes algo bonito por ellas. Yo recuerdo que al final le termine dando mis verdaderas razones, del porque quería que nos fuéramos lejos de su familia pero ella me dijo que no deseaba irse. Me sorprendió esta historia, realmente no le dije nada a mi amigo, ya que decirle cualquier cosa a él, era hablar demás, porque lo consideraba un hombre de mucha **más experiencia que yo.**

Segundo caso complejo de Electra y complejo de Edipo

Antes de dar comienzo a las siguientes 2 historias. Es necesario saber ¿qué es el complejo de Electra y el complejo de Edipo? Ya, que motivado a estos trastornos psicológicos, fue que me resulto interesante relatar dos experiencias.

Complejo de Electra; desde un punto más sencillo, sin irme a la historia de Electra; en la que está por medio de su hermano; asesinan a su madre y a su padrastro; por venganza, ya que estos se habían confabulado para asesinar a su padre. Pero más allá de lo que fue **Electra; según la mitología griega.** Quiero llevarlo al tema que nos atañe en la siguiente historia; desde el punto de vista psicológico. El complejo de Electra es aquel que se da cuando una hija a partir de cierta edad siente celos de su madre; por su padre; y se presentan una competencia de la hija con la madre; para poder ser ella quien pueda gozar de la mayor atención de su padre. Desde una forma resumida se puede entender esta perspectiva; ahora bien; analicémoslo desde un punto en el cual la niña jamás haya **tenido el amor de su padre;** porque jamás este se lo brindo; ya que posiblemente sucedieron cosas en las cuales la niña que ahora es mujer ¡Nunca pudo disfrutar del afecto de su padre; porque él nunca estuvo ahí para ella; Sobre esta situación será la primera historia; donde analizaran el daño psicológico que podría sufrir una **mujer adulta por casos como este.**

Definición de complejo de Edipo

Para el padre del psicoanálisis **Sigmund Freud** el Complejo de Edipo se refiere a la atracción pre-sexual que, inconscientemente, siente un niño por su madre. Simultáneamente, en el inconsciente del niño se da también un sentimiento de odio por el padre. El periodo de manifestación del complejo abarca, aproximadamente, los seis primeros años de vida del niño, como parte de la llamada etapa fálica (pregenital)**Primera historia sobre complejo de Electra**Estaba trabajando en una tienda de ropa. Eran las 11:30am cuando se acercaron dos chicas, con edades promedio de 38 a 40 años. Mientras observaban en las vitrinas, la ropa que teníamos a la venta, mi compañero de trabajo, comento lo siguiente: — esas mujeres parece que fueran lesbianas — ¿Por qué dices eso? —pregunte. — ¿es que no te das cuenta?; como están vestidas y como se hablan. Le dije — no amigo, me parece que te equivocas. Uno no puede andar por la vida, prejuzgando a las personas, sin estar completamente seguros de lo que son. — ya verás el tiempo me dará la razón, si esas mujeres vienen constantemente, verás que es así. No volvimos a seguir hablando del tema, porque las mujeres se estaban acercando. Para comenzar a preguntar sobre la ropa: — buenos días, ustedes tendrán pantalones talla...— Si tenemos; pero negro y blanco. —Yo quiero uno negro de la talla que te pedí por favor —dijo la mujer de cabello ondulado, que a mi parecer, era la más hermosa, que había visto en todo el día, mucho más hermosa que la amiga. Me amigo le respondió — enseguida se lo traigo señorita—. ¡Okey! -respondió la mujer. La otra chica se notaba que era más extrovertida, que la que **estába comprando el pantalón** y dijo ¡Trátala bien! Ya que posiblemente, estaremos viniendo más a menudo, porque —Nos ha gustado la variedad y el estilo de ropa que ustedes tienen. Mi amigo le respondió —¡Hay también ropa para niños si gusta comprarle a su hijo, digo... si es que algunas de ustedes lo tienen. La más hermosa comenzó a reírse diciendo —Que loco yo no pienso todavía tener hijos; no se mi amiga si lo desea. Enseguida la amiga responde. — jajaja <<risas>>, yo tampoco, Jajaja<<risas>>, a mí me da risa el recordar aquel momento, porque mi compañero, valiéndose del buen humor que mostraban cada una de ellas, dijo —mucho cuidado si se les va el tren jajaja<<risas>>. No obstante, pensé que se molestarían, pero lo hicieron en lo absoluto; ni de una ni de la otra, sino que simplemente comenzaron a reír, —Que cómicos son ustedes, yo tengo 38 años me quedan 7 años, según... que para las mujeres tienen hasta los 45 y los hombres, si es un poco más prolongado; ahora bien... no sé qué dice mi amiga al respecto, si ella quisiera tener hijos. —Respondió la más bonita — Yo tengo 40 años, pero no quiero complicaciones en este momento, jajaja, puede ser que en un futuro respondió. Enseguida, lleno de curiosidad, le pregunte — ¿pero ustedes no tienen novio? ¿O quizás pretendiente? Disculpen mi indiscreción...jajaja. —Novio no tenemos, pretendientes... muuuuuchos, jajaja <<risas>>, pero así estamos bien. Los hombres son muy perros (mujeriegos) —.Respondió la que desde mis pensamientos resultaba ser menos atractiva— bueno chicos nos vamos, será en otra ocasión que sigamos hablando... Pasaron la tarjeta, para pagar un pantalón, y se marcharon. Mi compañero enseguida comento — ¡Viste lo que dijo! <<Trátala bien>> y de paso una es cuarentona, la otra le faltan solo dos años para serlo ¡No tienen hijos! ¡Tampoco tienen novios! ... ¡Esas mujeres son lesbianas! —le dije — No quiero seguir hablando del tema. Dejémoslo hasta ahí. Te voy a demostrar que esas mujeres no son lesbianas voy a hablar con la más bonita y de ahí sacaremos nuestras propias conclusiones. Empezaron a ir como unas dos o tres veces por semana, me fui ganando la confianza, de la que me gustaba...la más bonita, hasta me dijo su nombre, que lo cambiare, por razones de privacidad; llamándola **Antonia**. Mi compañero me había dejado con la intriga, sobre lo que me había dicho, que eran lesbianas. Esa fue una de las causas por las cuales quería hablarle, no me pasaba por la mente, alguna acción de conquista, simplemente estaba curioso por saber su preferencia sexual. Comenzamos hablar en un horario en el cual estaba descansando en mi trabajo y ella esperaba a su amiga, mi compañero de trabajo se tomó una pequeña siesta, en el almacén, ya que un día antes estaba en una fiesta y como estábamos en la hora de descanso, no tuvo ningún inconveniente con nuestro jefe. Yo me dije en mi subconsciente ¡Al fin se me dio esta oportunidad! ¡No te me vas a escapar... es el destino! Esto fue lo que hablamos: — Hola ¿cómo has estado? —Le pregunte. — Muy bien gracias— respondió._¿cómo ha estado tu trabajo? — Fuerte, estos días he estado de vacaciones. Sabes, las pedí, porque he estado trabajando muy duro. Como siempre me ha gustado leer, la aborde con una conversación psicológica, para saber si realmente era lesbiana, o existía la posibilidad, de que tuviera el famoso complej**o de Electra.** Le tuve que decir un poco sobre mi vida, para que ella liberara un poco de la de ella. Diciéndole: Tú me dices que has trabajado sin descanso...muy fuerte. Sabes que yo también he trabajado muy fuerte, pero por motivo de necesidad, ya que mi padre nunca se hizo responsable de mí. Y tú, no aparentas, haber pasado por a alguna necesidad, que te permita exigirte tanto así. Y, el otro día me dijiste, que siempre habías tenido el privilegio, que te ayudaran en tu familia, algunos tíos, que son pudientes. Sabes... analizando todo lo que dijeron **tú y tu** amiga la vez pasada, cuando hablamos, comentaste que todavía no querías procrear, y mucho menos tener novio, cuando sucede esto, a la edad que tú tienes, es porque tuviste un trauma emocional (para no decirle psicológico, y se pudiera ofender) por la ausencia, Posiblemente de tu padre, ya que en las niñas les sucede cuando no tuvieron a su padre cerca, de su vidas; que les brindara amor, apoyo en sus proyectos y protección; a este problema en las mujeres le llama (complejo de Electra) y te puedo asegurar, que si llegaste a buscar un hombre, procuraste siempre buscarlo que fuera mayor que tu; para poder sentir el apoyo emocional que nunca lograste tener con tu padre, ¿Es así, o me equivoco? en mi caso que soy **hombre,** por suerte nunca deje de tener a mi madre, ya que en los varones se presenta, por la ausencia de la madre y en los hombres se le llama complejo de **Edipo.** Esta mujer cuando le di aquella explicación científica; abordándola con psicología; se echó a llorar y me lo conto absolutamente todo, diciendo: —¡Es verdad! Pero hay un detalle, que no sabes, porque no te lo he dicho. Sobre mí, es... que no solo fue mi padre, sino... también mi madre. No es bueno sentir lastima por los seres humanos, pero eso fue lo que sentí, cuando me conto su triste historia: — te voy a contar: **Mi** madre y mi padre se amaban con locura, desde muy jóvenes, tuvieron dos hijos, mi hermano...y a mí, pero de un momento a otro, el amor tan bonito que existía entre los dos, se desapareció como una estrella fugaz, que pareciera irse rápido, como para que no pidas el deseo. Ellos se separaron cuando mi hermano tenía 4 años y yo tan solo era una recién nacida. No conforme con esa situación mi madre no quiso hacerse cargo de nosotros y nos dejó con mi abuela. Mi padre se buscó otra mujer y al poco tiempo, mi madre hizo lo mismo, quedándonos mi hermano y yo con mi abuela materna. Al pasar los años, mi abuela nos llevaba para a las **"nuevas familias"** que conformaban tanto mi padre, con su esposa y mi madre con su esposo e hijos de un lado y del otro. En temporadas de vacaciones. A veces me da risa lo injusto que es el amor o la vida, que le quita la felicidad a unos... para dársela a otro, que ironía. Mi abuela fue mi padre y mi madre. ¡Y hace un mes que se me murió mi viejita! Llorando en la silla donde esperaba a su amiga le dije — mi sentido pésame amiga, sentí que mi vida era triste, por no tener el apoyo económico y moral de mi padre, pero al escuchar tu historia, me ha hecho comprender la mía... admirando la tuya, porque fuiste fuerte, estudiaste, te graduaste y seguiste adelante. Te admiro, porque no todos salen de ese abismo emocional; algunos caen en la drogas, otros en el alcohol y pare de contar. Saco un pañuelo de su cartera, una vez que llego su amiga, compro una ropa interior y se marcharon. Después de eso, mi amigo ya había pasado el horario de descanso. Le conté por qué Antonia, no tenía hijos y mucho menos pareja, se quedó completamente sorprendido... sin nada que decir. Simplemente admirado de lo fuerte que debió ser esa mujer de 38 años para sobreponerse a su situación

Segunda historia sobre complejo de Edipo Quise facilitar al lector la historia de Edipo; ya que me ha resultado interesante. Antes de dar la definición más clara y lógica del <<Complejo de Edipo>> según el padre del psicoanálisis <<**Sigmund Freud**>> dando comienzo primero con la historia de Edipo **buscada a través de internet:**

El mito de Edipo. Nacimiento e infancia

Layo, rey de Tebas, había recibido una profecía del oráculo: que si alguna vez engendrase un hijo, el niño, una vez adulto, le mataría ya que Layo había violado a un joven, y el joven se suicidó ahorcándose. El padre del joven les pidió a los dioses un castigo para Layo. Sin embargo, estando ebrio, se unió a su esposa Yocasta, y tuvo un hijo en Tebas. Al nacer el niño, Layo le **atravesó con fíbulas** los pies y lo entregó a un pastor para que lo abandonara. Layo esperaba escaper, así del oráculo puesto que matarlo directamente habría sido una impiedad y creía que nadie recogería a un recién nacido con los pies **atravesados.** Así pues, fue abandonado en el monte **Citarón**, pero fue hallado por otros pastores que lo entregaron **a Pólipo**, rey de Corinto. Perigeo o Mérope, la esposa de Pólipo y reina de Corinto, se encargó de la crianza del bebé, llamándolo Edipo, que significa 'de pies hinchados Retorno de Edipo a Tebas. Al llegar a la pubertad, Edipo, por habladurías de sus compañeros de juegos, sospechó que no era hijo de sus padres. Para salir de dudas, visitó el Oráculo **de Delfos**, que le auguró que mataría a su padre y luego desposaría a su madre. Edipo, creyendo que sus padres eran quienes lo habían criado, decidió no regresar nunca a Corinto para huir de su destino. **Emprendió** un viaje y en el camino hacia Tebas, Edipo se encontró con Layo, que viajaba a **Delfos en una encrucijada.** El heraldo de Layo, Polizontes, ordenó a Edipo que le cediera el paso pero ante la demora de este, mató a uno de sus caballos. Edipo se encolerizó y mató a Polizontes y a Layo sin saber que era el rey de Tebas y su propio padre. El rey de Tebas pasó a ser Creonte, cuñado de Layo, hermano de su esposa **Yocasta 24.** Más tarde Edipo encontró a la esfinge, un monstruo enviado por Hera que se había aposentado en el monte Facio y daba muerte a todo aquel que no pudiera adivinar sus acertijos, incluido Hermón el hijo de Creonte, y atormentando al reino de Tebas. Al acertijo de: «¿cuál es el ser vivo que cuando es pequeño anda a cuatro patas, cuando es adulto anda a dos y cuando es mayor anda a tres?», Edipo respondió correctamente **que es el hombre** puesto que cuando es un bebé gatea, camina con sus dos piernas, cuando es adulto y cuando es anciano se apoya sobre un bastón . Había también otro acertijo: «Son dos hermanas, una de las cuales **engendra a la otra** y, a su vez, es engendrada por la primera». Edipo contestó: el día y **la noche.** Furiosa, la Esfinge se suicidó lanzándose al vacío y **Edipo es nombrado el salvador de Tebas.** Como premio, Edipo fue nombrado rey y se casó con la viuda de Layo, Yocasta, su verdadera madre. Tuvo con ella cuatro hijos: Polinices, Ateocles, Ismene y Antígona y los dos hermanos se enfrentarían más tarde entre ellos a muerte por el trono tebano. Otra tradición afirma que los hijos de Edipo no fueron de Yocasta sino de Euriganía. Destierro y muerte .Al poco tiempo, una terrible plaga o escasez de alimentos cayó sobre la ciudad, ya que el asesino de Layo no había pagado por su crimen y contaminaba con su presencia a toda la ciudad. Edipo emprende las averiguaciones para descubrir al culpable, y gracias a Tiresias descubre que en realidad es hijo de Yocasta y Layo y que es él mismo el asesino que anda buscando. Sobre lo que sucedió a partir de ese momento circulan múltiples versiones: Al saber Yocasta que Edipo era en realidad su hijo, se dio muerte, colgándose en el palacio. En versiones alternativas, siguió viviendo hasta que en el ataque de los siete contra Tebas sus hijos se dieron muerte el uno al otro, momento en el que ella se suicidó Edipo se quitó los ojos con los broches del vestido de Yocasta, huyó o fue exiliado de Tebas, o fue encerrado por sus hijos en el palacio, o siguió reinando en Tebas por algún tiempo. Maldijo a sus hijos Polinices y Eteocles y sólo su hija Antígona le acompañaba en su destierro para servirle de guía en Colono, fue acogido por el héroe mítico Teseo y allí murió. Se decía que su tumba se encontraba en un santuario de las Euménides que había entre la Acrópolis y el Areópago de Atenas.1011. Sin embargo, había otra tradición, recogida por Lisímaco de Alejandría, que decía que, cuando murió Edipo, los habitantes de Tebas y de otra aldea beocia llamada Ceo no quisieron que sus restos quedaran enterrados en sus territorios y su cuerpo fue transportado a Eteono, donde fue enterrado, de noche, en un recinto consagrado a Deméter. Cuando los habitantes de Eteono se enteraron del hecho, consultaron el oráculo sobre lo que debían hacer y la respuesta fue que no se debía turbar al adorador de la diosa, por tanto los restos quedaron enterrados allí. Ahora bien; partiendo de la historia de Edipo y la definición de lo que significa el complejo de Edipo daré comienzo a **la siguiente historia.**

El hijo que nunca perdono a su madre

Esta historia sucedió hace muchos años. Era una familia conservadora, muy bonita; con valores y **principios**; tenían dos hijos; Uno de 14 años y un recién nacido; que tan solo tenía unos meses de haber llegado a este mundo. La pareja estaba felizmente casada. El hombre era quien trabajaba, para mantener a su familia; mientras que su esposa; era quien se encargaba de atender a los hijos y comprar las cosas que se necesitaran en la casa. Un día mientras la atractiva mujer realizaba las compras de comida. Tropezó sin la más mínima intención; con un hombre muy atractivo; el sujeto era blanco; como de unos 40 años y ella para aquel entonces tendría unos 35 **años se veía bien**, a pesar de haber tenido dos hijos; pero la ventaja que tenía esta mujer; era que nunca en su vida había trabajado; su esposo trabajaba duro e incansablemente para darle todo. El hombre impresionado por su belleza le hablo diciéndole — disculpe señora no fue mi intención —ella lo miro a los ojos e inmediatamente no pudo disimular la fuerte atracción que tenía hacia él. El sujeto como era una persona que además de guapo; dada su experiencia; intuía; cuando una mujer gustaba de él. El tipo al igual que ella; era casado y con muchos hijos de diferentes **mujeres. Se presentaron y de** inmediato le ofreció llevarla en su carro al lugar donde vivía la mujer. El hombre estaba mejor económicamente; mientras el esposo de la mujer trabajaba **de sol a sol** para cubrir los gasto de su familia y el hogar; el **extraño que la mujer** había conocido frente al supermercado era un tipo autosuficiente; que tenía unos autobuses de transporte público con varios empleados que trabajaban para él; esto le permitía tener los recursos y el tiempo de conquistar a la mujer que le diera la gana. Una vez que la llevo a la casa le pidió salir; porque según él se había enamorado a primera vista de ella; lo cual con el tiempo resulto ser cierto. Ella a pesar de ser casada; era tan fuerte la atracción que no puso ningún argumento para no aceptar su invitacion.

Así que cada vez que su hijo adolescente lo llevaba a la escuela; el hombre le pagaba a una niñera con la intención de que esta se encargara de atenderlo por un par de horas; mientras ellos salían a realizar cosas indebidas; como ir a restaurantes y muchas veces tener varias escapadas a hoteles; para hacer lo que muchos saben que se hace. Pasaron 4 meses de infidelidad; hasta que el hombre ya **harto** de compartirla a ella con el esposo. Le propuso a ella dejar a su familia y este dejaría la esposa e hijos que tenía; para escaparse lejos y vivir su idilio de amor sin que nadie se interpusiera y tampoco ser **cuestionados por la sociedad**, ella acepto la propuesta y se marchó sin decir nada; con su amante. El esposo desesperado estuvo buscándola; hasta que ella llamo diciendo la decisión que había tomado. El pobre hombre no entendía sus razones y solo le preguntaba << **yo que hice mal para que me pagaras de esta forma**>> ella solo le respondió <<tú no eres culpable; solo te puedo decir... **que en el corazón nadie manda**>> Pasaron los días; y mientras, el trauma de los niños varones no se hacía esperar, él bebe de tan solo unos meses de nacido no dejaba de llorar; mientras que el adolescente preguntaba ¿porque mi madre se fue y nos dejó? El padre no sabía que decirle; para que su trauma no fuera mayor; pues si le decía que se había ido con un hombre este la iba a odiar de por vida; aunque de igual forma lo hizo; por lo que tuvo que hacer tanto el papa como el hijo mayor con el niño recién nacido, para que este pudiese alimentarse. El niño lloraba noche tras noche; porque extrañamente pedía a gritos el calor de su madre; y lo que hacía era medio comer hasta que al hombre se le ocurrió la brillante idea de buscar un sostén y transformarlo con esponja para colocárselo tanto el padre como el adolescente y de esta formar simular como si la madre era quien lo alimentaba y dormía al niño. Esto resolvió un **problema pero ocasiono otro**. Fue que el adolescente toda la vida odio a su madre; ya que él decía que por culpa de ella, él se mantuvo en la vergüenza de las personas que sabían lo que tenían que hacer tanto **el** como su padre por mucho tiempo, para poder atender a su hermano. Muchos años después; cuando el adolescente **fue** un adulto y el recién nacido un adolescente; el que había tenido el doble trauma 1) no estar al lado de su madre en una etapa tan importante en su vida y 2) haber tenido que usar un sostén para atender a su hermano cuando su padre estaba trabajando. **Había** sufrido un accidente en el que **perdió** mucha sangre; sin que él lo supiera; una de sus tías llamo a su madre para que sirviera de donante y salvarle la vida a su hijo mayor, puesto que no habían donantes que tuvieran su tipo de sangre, ella para aquel tiempo ya tenía otros hijos con el que ahora era su esposo y antes había sido amante. La mujer de inmediato se marchó al hospital para que le hiciera la transfusión y cuando está entro al cuarto donde estaba su hijo; el al darse cuenta que era ella solo dijo<<saquen a esa señora de aquí no la quiero>> ella responde — pero hijo estoy aquí para ayudarte. Este se molestó aún más y dijo — sáquenla ya o lo juro que me voy a lanzar de la ventana ¡Y no estoy jugando! ¡Antes de estar vivo por ella, prefiero morirme! La señora salió llorando del cuarto y tuvieron que buscar a **otra persona**; como lo hicieron no sé; pero otro fue quien dono la sangre para salvar su vida. El hombre al que años atrás tan solo era un **adolescente** cuando se fue su madre, jamás logro perdonar a su madre por la decisión que tomo; de irse de la casa en un momento tan **importante** en su crecimiento y **desarrollo emocional**. La madre de los muchachos no sé qué fue de su vida; pero al hombre que en un principio era su amante sí; uno de los hijos que tuvo producto de esa relación fue asesinado por una bala perdida y el cayó en una depresión tan fuerte que no quiso comer y de un momento a otro falleció, **ya que el muchacho era su hijo preferido.**

Reflexión

El amor hacia una pareja es fuerte; pero el amor hacia los hijos lo es mucho más. Esta historia desde mi punto de vista es tan solo una caricia, de lo que sucede cuando una madre abandona a sus hijos varones; he sabido de hombres que al ser abandonados por sus madres; se convierten en drogadictos; delincuentes y hasta muchos se terminan suicidando; la reflexión en este caso la hago para la mujer; sugiriéndoles que jamás dejen a sus hijos por un hombre, el que quiera estar con ustedes debe hacerlo <<con paquete incluido>> como dicen en el pueblo donde vivía mi **madre; es decir con sus hijos.**

Capítulo VIII. Una situación irreversible por falta de un antibiótico

Un gran amigo que me ayudo en un momento difícil de mi existencia y a quien a muchos había ayudado desde Venezuela, manifestó sentirse triste porque una de sus sobrinas; hija de su hermana mayor; había dado a luz y durante el parto una extraña enfermedad; puso en peligro su vida; ocasionándole una infección **severa** en la cual requería de urgencia un medicamento, específicamente un antibiótico; para controlar y detener por completo una infección; que se le presento inesperadamente. Mi pobre amigo anduvo buscando por internet para ver si corría con la suerte de encontrarla **"en Venezuela"** a la persona o farmacia que tuviera el tan anhelado antibiótico; pero parecía ser imposible. Recuerdo que me comento "vamos a tener que hablar con una persona que está viviendo en Colombia, para que nos compre el antibiótico; porque en este país parece ser imposible". Mi amigo se había graduado de ingeniero químico; trabajaba en una empresa y aun así no le alcanzaba el dinero; tuvo que dedicarse a trabajar **como taxista** en una línea de taxis; ya que según él era menos arriesgado; debido a que las carreras se harían a clientes de la empresa de transporte; lo contrario de trabajar por su cuenta; donde debía embargar cuanto loco o sospechoso pudiese conseguir en la calle. Mi amigo como pudo contribuyo en aportar algo de dinero a fin de comprar varias cajas de antibióticos; necesarios para la inmediata sanación de la joven adolescente. Una vez que lograron reunir todo el dinero; como no tenían a una persona de confianza fuera del país, tuvieron que ir a Cúcuta(Colombia) casi 11 horas de ida y 11 horas de vuelta, más el tiempo que tardaron en ubicar la farmacia que te tenía el medicamento; eso sin contar los días en los cuales mi amigo y su familia se tardaron en reunir el dinero. En total fueron casi dos semanas de atraso que permitía a la infección llevara ventaja. ¡La familia estaba desesperada! ¡La infección había llegado a sus piernas! ¡Ya no había tiempo! Tenían dos opciones: esperar a que llegara la persona con el medicamento para detener la infección; exponiendo a que su vida estuviera en juego o amputarle las piernas que era el lugar donde estaba la infección y así poder salvarle de una vez la vida. Dos semanas con una infección avanzada era demasiado tiempo. Los médicos no tuvieron otra opción más que amputarle las piernas y de esta forma poder salvarle la vida a la muchacha. Tanto mi amigo; como su familia lloraban de impotencia y ni hablar de la sobrina; quien fue la víctima más afectada en esta situación. Con tan solo 21 años. Para aquel entonces; en año 2018; una mujer muy alta, hermosa; con el sueño de ser modelo; pero sus proyectos se vieron tronchados; por una circunstancia de crisis sí; pero con **una ineptitud y falta** de decisiones oportunas, por parte del **Estado**(los que gobiernan) para resolver situaciones como estas que fácilmente se hubiese podido resolver, haciendo las cosas como lo dictan la moral y las buenas costumbres (**con ética**) . Luego de lo ocurrido a la joven y atractiva sobrina de mi amigo, el, lleno de tristeza y rabia por no poder ayudar como hubiese querido; decidió vender su vehículo marcharse del **país, rumbo a Chile;** con la esperanza que Venezuela vuelva a ser aquel país donde los sueños bonitos eran una realidad y las pesadillas solo sean sueños que con el **tiempo formen parte del olvido.**

Reflexión:

Siendo sincero, con respecto a esta historia... si mi amigo no me lo cuenta, no lo creo; por lo rápido que una infección puede afectar parte del cuerpo de una persona, a tal punto, de que sea necesario amputarle las piernas a su sobrina, para poder salvar la vida. Yo a finales del año 2017 sufrí un accidente ocupacional en mi dedo pulgar izquierdo, mientras trabajaba la mecánica automotriz con mi hermano quien era mi jefe. Cuando mi hermano me traslado al hospital; la doctora de turno me coció mi dedo a lo que los médicos le dicen (puntos) . La doctora se notaba que no tenía la experiencia suficiente para realizar su trabajo; ya que era una recién graduada. En definitiva; una vez que termino de cocerme me dijo — debes volver para hacerte la revisión y la limpieza; pero es necesario que tengas los antibióticos; sin antibióticos no harás nada aquí, sé que es imposible conseguirlos en Venezuela, yo cumplo con decírtelo. No puedes trabajar la mecánica, por un tiempo; ya que si lo haces perderás el dedo" . Esa doctora, además de ser mala en su trabajo; me estaba dando un mensaje desalentador; donde yo mismo debía inventármelas para poder salvar mi dedo; ¡Sin antibióticos! ¡Y casi sin esperanzas! No volví a ir más al hospital; yo mismo me hacía mis limpiezas en el área afectada; que además de cortado, **lo tenía fracturado**; era obvio me había caído un carro que pesaba como media tonelada; luego que la herramienta utilizada, para subir y bajar los carros, que mi hermano le llamaba (gato botella por su forma vertical) no la coloque como era debido y el carro se calló de golpe en mi mano; quedando atrapado mi dedo con el filo de una de las orillas del carro y el gato. Por suerte para mí, no perdí mi dedo. Yo mismo me hacia las curas; colocándome Yodo, pero del moderno; no del que vendían antes que ardía hasta los tuétanos; como no tenía antibióticos; una tía me regalo una tableta que tenía 10 capsulas(tenían un año de estar vencidas). **Nunca me las** llegue a tomar; solo destapaba la capsula colocándome el polvo en el área afectada, una vez que me había realizado la limpieza correspondiente. ¡Ya me sentía como **Arnold Schwarzenegger** cuando realizó la película (el exterminador 1) en la cual el mismo se practicaba las curas; desde un baño; luego de que estuviera herido de bala. Imagínense que yo me hubiese hecho lo mismo desde un baño... me quedo sin mano; sin brazo ¡seria horrible! ¡De terror! No la estuviera contando. A las 4 semanas de estar completamente curado yo mismo me quite los puntos de mi dedo. **Y tres semanas después comencé a trabajar.**

Capítulo IX. Cuando se actúa con el deseo... y no con la razón

El amor se muestra de diferentes maneras; de las cuales no imaginaríamos que se presentaría. Esta historia trata de una traición. Un hombre sin importarle los sentimientos de su hijo, tomo una decisión errada que afecto la estabilidad emocional de su único hijo.Ciro era un joven de 25 años que decidió vivir con una mujer, a la que llamare **Ricarda** de unos 40 años. Ella tenía 2 hijos; que estaban casados y con vidas independientes. Ciro y Laura, tuvieron un hijo, al que llamó Adrián. Adrián era un buen niño, atendido por el buen afecto que le brindaba su madre y con el apoyo económico que le otorgaba su padre. Fue transcurriendo el tiempo y Adrián crecía viviendo una infancia **feliz**, sin traumas de ningún tipo. **Pero** cuando Adrián cumplió 17 años, se había enamorado de una muchacha de su edad, estaba tan encantado por la joven; que pretendía, casarse con ella a pesar de lo joven que eran los dos. Esta jovencita lo tenía muy cautivado; la atracción era tan fuerte, que no se comparaba con las tres novias que Adrián llego a tener anteriormente. Ya había terminado la secundaria y hecho planes de estudiar en una universidad pública con su novia. La chica iba con mucha frecuencia a la casa a visitar a Adrián. Al cumplir los 18 años; sucedió algo inesperado; se acercó el señor Ciro; en presencia de la que dejo de ser adolescente, para convertirse en mujer, diciendo— hijo no sé si esto te parezca correcto; pero algunas veces en la vida suceden cosas que uno nunca se las **espera y quiero** hablarte de hombre a hombre. — Que pasa **padre;** ¿sucedió algo malo? — pregunto el hijo —depende de cómo lo vayas a tomar; si aceptas las cosas, como la corriente del rio que sigue su causa; o la mantienes detenidas, como las aguas que quedan estancadas en charcos, evitando fluir de forma libre—**respondió el padre.** — . La novia de Ciro se quedaba con la mirada puesta hacia el piso sin decir una palabra al respecto. Por suerte aquel día, la señora Laura, ya con 57 años de vida, no estaba en casa, permanecía en el trabajo. Adrián sin entender lo que pasaba, volvía a preguntar a su padre — dime padre, no entiendo; ¿a qué te refieres? El padre contuvo sus palabras por unos segundos para decirle — hijo lo que sucede es que tu novia y yo, nos enamoramos y nos vamos a vivir en otra casa, alejados de tu madre y de ti. Adrián comenzó a llorar y diciéndole sin sentir alguna vergüenza de lo que sentía le reiteraba —¡Porque padre! ¡Porque lo hiciste!; o ¡Porque lo hicieron si yo te veía como el padre perfecto que eras! Y... ¡a ti **Mariana,** te amé como nunca había amado a nadie! No es justo. ¡Padre no lo hagas! ¡Retráctate de tus palabras! ¡Retira lo dicho! Y ¡Yo pensare que aquí no ha pasado nada! ¡Borrón y cuenta nueva! —Lo siento hijo; el amor es muy caprichoso... lo hallamos de una forma en la cual nunca nos imaginamos. ¡Ya está decidido! Se fueron de la casa; Ciro con 42 años cumplidos y Mariana de 18 recién cumplidos; desde aquel día Adrián nunca quiso saber más nada de su padre, por un tiempo estuvo en problemas de droga y alcohol pero se recuperó. La señora Laura; luego de lo sucedido, vivió por muchos años amargada, con un odio a todo lo que le rodeaba que el pasar de los años no pudieron borrar. En la actualidad Adrián **a** consecuencia de la crisis económica que afecta **en** mi país, se marchó para Alemania, según... está trabajando y le va muy bien. La señora Laura, vive postrada en una cama, los hijos que están fuera del país, envían dinero, para poder alimentarla y pagarle a una persona a fin de llevarle a cabo el aseo personal, puesto que no se vale por sí misma. Ciro y Mariana, aún viven juntos, tienen dos hijos, una niña de unos 11 años y un niño, de 8 años aproximadamente. Es increíble, pero la niña es la copia exacta a su madre; mientras que el varón se parece al abuelo materno. En la actualidad Ciro tiene 53 años, mientras Mariana tan solo tiene 29 años de edad. Según cuentan varias personas, Mariana, mantiene una relación en secreto, en el lugar de trabajo. Ahora mi pregunta es ¿será que **Ciro no sospecha?**

Reflexión:

Estuve viendo una entrevista, sobre un actor de novela **muy** famoso en mi país, que conto, sobre una situación que le había sucedido durante su trabajo. Aquel hombre, en reiteradas ocasiones se llegó a bezar con una de las actrices que a su vez, tenía su novio **el cual trabajaba** en la novela y era amigo del sujeto. Este conto que ambos sintieron un **filin** tan fuerte, que se deseaban el uno por el otro; sin embargo se supieron controlar y por respeto al esposo de la mujer; **aquella prohibida atracción** se mantuvo hasta ahí. Ahora bien; partiendo de esta **anécdota** mi pregunta es: ¿Será que es muy difícil para uno el hombre controlarse ante situaciones como esta? Si pudo lograr el **autocontrol** el actor de novela, habiéndose besado varias veces debido a que su trabajo lo exigía. ¿Por qué algunos hombres no pueden hacer lo mismo? Será ¿Qué no les da la gana? O quizás ¿será que es mejor lo que sucede? Ya que Ciro, a causa de esta situación está en otro país, con una mayor posibilidad de crecimiento económico, y tal vez con amplias probabilidades de enamorarse de una mujer más linda y de mejores sentimientos que Mariana. Solo es un análisis que hago, **partiendo de hipotesis , aunque hay quienes dicen que mejor es lo que sucede.**

Capítulo X. Se sinceró... saca tu cuenta y di cuantos hijos tienes

Esperaba a una amiga en una plaza, que **quedaba** cerca de donde pasa el metro de Valencia, cuando un señor se aproxima para preguntarme la hora; le dije — son las 2:30— gracias, ¿a quién esperas? — pregunto.

—A una amiga. —Respondí — me dijo—¿crees que se tarde mucho tu amiga? . — como media hora, aproximadamente, ¿Por qué la pregunta? Le dije. — Lo que sucede es que estaba solo en mi casa y decidí venir a la plaza buscando siempre a una persona para charlar y contarle mis experiencias vividas, ¿te gustaría escucharlas? — Pregunto. Sentí un poco de duda, pero le dije — sí, porque no, es bueno aprender experiencias de los adultos; es como leer un libro; del cual deseas aprender todo su contenido. Se sonrió y me dijo — ¡Qué bien hijo, tus palabras me alagan! Te contare una anécdota, que me sucedió cuando tenía tan solo 24 años. Me enamore de una joven de 20 años. **La** conocí, cuando estaba en una iglesia católica, escuchando una misa. Estaba sentada en el banco donde yo permanecía. Era muy extraño sentí una fuerte atracción hacia ella, como si la hubiese conocido mucho antes. Nos miramos, ella comenzó a reír, yo también, sin saber porque. Su suave cabello rosaba su cara, cuando entraba la brisa desde los ventanales. Era muy blanca, de ojos negros. Y delgada como una princesa, de esas que solo se ven en películas. De una altura como de 1,70. —Le comente —debió ser muy apuesto usted, que esa mujer logro prestarle atención. Con una actitud de persona sobrada; no vacilo en asegurarme — claro que sí, yo era un hombre muy buenmozo<<Apuesto>>. No muy blanco como ella, pero no dejaba de ser claro de piel. Por algo llame su atención. Bueno... volviendo con la historia. ¿Por dónde iba? — que la mujer era de 1,70 de alto. —ah sí es verdad. Ya te conté la descripción. Me le acerque, una vez que termino la misa, le dije que deseaba conocerla, me contesto que estaba bien. Comenzamos a salir al parque, a comer helados y a ver película y una que otras veces íbamos a la iglesia. Me estaba fastidiando un poco la cursilería, que se ve en toda relación cuando comienza, así que le dije — no quiero que se ofenda, pero su historia, ya se está tornando aburrida; porque no me deja que espere tranquilo, sin interrupciones a mi amiga, si no es mucho pedir. — ¡Pero muchacho! ¡A ti no te enseñaron a aprender a escuchar cuando le está hablando un adulto! Por esa relación hubo una ruptura familiar. — ¡En serio! ¡Entonces siendo así, sígame contando. — ¡No me interrumpas de nuevo! ¡Si lo vuelves hacer no te diré nada! ¡Está claro! — Le dije —está bien, pero no se enfade. Luego de 4 semanas de salir con ella a varios lugares, fueron constantes salidas a un hotel, que quedaba en la avenida bolívar, recuerdo que el hotel se llamaba <<Cien>> .En ese lugar hacíamos el amor de todas las maneras existentes, sin **lamentos** y sin tabúes. Conmigo, paso de ser una señorita, a sentirse mujer. — ¡En serio! ¡Era virgen! ¡Increíble, eso en la actualidad, ya no se ve! — ¡Te dije que no me interrumpieras! — discúlpeme... no lo volveré hacer. —vuelvo otra vez; en que había quedado. —Que la hizo sentirse mujer. — bueno, como te estaba contando, nos llegamos a amar en reiteradas ocasiones. Yo trabajaba haciendo encomiendas y casi todo lo que ganaba, lo gastaba en hotel, mi padre ganaba muy bien; él era quien mantenía la casa. Como era muy machista, cuando le decía que iba a gastar el dinero en hotel con una mujer, me apoyaba diciéndome <<**aproveche hijo, no pierda esa oportunidad, satisfaga a esa mujer y disfrútela, pero no la vaya a embarazar>>** . Me gustaba tanto por lo angelical y linda **que** era, tanto fue mi atracción, que deseaba casarme con ella. Así que le dije que quería conocer a su familia. Ella accedió. Me acuerdo que fuimos un día jueves; ese mismo día pensaba pedirle la mano a sus padres para casarme con **Nicol,** así se llamaba. Cuando llegue con mi novia, enseguida me presento a su madre; quien me hizo entrar y a la sala mientras mi Nicol se cambiaba de ropa y la doña fue a la cocina a preparar un café. Aquel día mi padre me dijo, que no me fuera a quedar en la calle, porque según él debía trabajar toda la noche y mi madre quedaría sola, le dije a mi novia y ella me dijo que estaba bien, su padre llegaría en unos 40 minutos, ya que estaba en un viaje de negocios, en el que llevaba 4 días, el señor retornaría ese día; había llamado hacia 20 minutos, diciendo que en una hora llegaría al lugar. Mientras esperaba el café y mi novia cambiara la ropa, permanecí sentado por un buen rato en el mueble, me canse, luego de 20 minutos la doña me trajo el café, me dijo que deseaba arreglarse también, para recibir a su esposo, que la disculpara, le conteste, que por mí no había ningún problema. ¡Las mujeres son muy lentas para arreglarse! Me puse a ver las fotografíass que tenían en la sala, eran muchas; desde que Nicol tan solo era una niña, hasta que estaba adulta, cuando comienzo a visualizar cada una de las fotos, me doy cuenta que el hombre que aparecía al lado de la señora era mi padre, no entendía que estaba pasando, me sentía confundido, llegue a pensar que mi padre era amigo de la madre de mi novia; quien por cierto de joven fue igual de hermosa que Nicol; si los años no la hubiesen cambiado de apariencia, diría que eran hermanas gemelas. Espere que se arreglara Nicol para preguntarle por lo que había visto, sin decirle que era mi padre. Después de 40 minutos, ¡Por fin salió! Y señalando la imagen de la persona que estaba en la fotografía le pregunte — ¿mi amor quien es él? —Él es mi padre. — respondió. — ¡Que! ¡No puede ser! ¡En serio! Estaba confundido, me sentía muy mal, no sabía qué hacer, a los pocos minutos escucho el sonido de una camioneta estacionarse al frente de la casa, **siento el sonido del motor** muy parecido al de la camioneta de mi padre. Al rato salió la señora arreglada, para recibir a su esposo, cuando entra, Nicol lo abraza diciéndole— ¡Padre, al fin llegaste! Te presento a mi novio, que Te quiere decir algo! Cuando nos vimos a la cara, me dijo— ¿Qué haces tú aquí? ¡Te vas de esta casa! Nicol decía, pero que sucede, no entiendo; padre porque lo tratas así. —mi padre no emitía ni una sola palabra al respecto, que no fuera de rechazo hacia mi persona, mi novia al ver esta situación me pregunto a mi— ¿Qué sucede mi amor? ¿Por qué mi padre te está botando de la casa? Sentí mucha rabia desprecio y odio hacia mi padre, que se lo dije de inmediato; — quieres saber que sucede... dile a nuestro padre que te diga; así como fue tan **macho** para tener dos familias y mantenerlo en secreto; ¡Porque yo de aquí me largo! Deje el avispero prendido en esa casa y me fui de inmediato. Lo único que logre escuchar antes de irme, era : por un lado Nicol diciendo — ¡Porque lo hiciste padre? ¡Te odio! Y de parte de la señora : ¡Tantos años que dedique a esta relación, para que tú me pagues de esta manera! **Ese día** me fui a la casa de mi abuela. Al día siguiente mi padre estuvo allá y me dijo— te voy a pedir que recojas tus cosas y te largues de la casa donde vivo con tu madre. Como ya le había perdido el respeto, le respondí delante de mi abuela y mi madre, que media hora antes había llegado — ¡Tranquilo, que yo me largo de esa casa y me largo de tu vida.

¡Déjeme decirle otra cosa... a usted ya le perdí el respeto! Mi abuela se puso furiosa, por haberle contestado de esa forma a mi padre y dijo — ¿qué es lo que está sucediendo aquí, que yo no sé? Le respondí — que le diga el señor, **a ver si tiene** el valor de hacerlo. Mi padre me miro con mucha rabia y yo de igual forma lo hice **con él**, no le quedo de otra que decir la verdad, mi madre lloro mucho después que lo supo, y mi abuela tomo una decisión muy loca o extraña,. Diciendo que quería conocer a esa nieta, y le dijo a mi padre que si fuera posible, la llevara hoy mismo a la casa para conocerla. Le dije a mi abuela, que no; ¿Por qué hace eso? Ella respondió — ni ella ni usted , tienen la culpa de lo que sucedió, el culpable **es el sin vergüenza** de su padre, que no dijo desde el inicio la verdad. Mi abuela miro a los ojos a mi padre, y le dijo — en lo que respecta a ti... **se sinceró, habla claro y dinos ¿cuántos hijos tienes?** — Mi padre contesto con rabia y vergüenza, que tenía solo tres; dos con mi madre, donde me incluía a mí, y uno fuera del matrimonio, que era Nicol; considerada ante los prejuicios de la sociedad, como la bastarda**, por haber nacido** fuera de un matrimonio. Con el tiempo Nicol se buscó una nueva pareja y se casó, de vez en cuando nos llamamos para saludarnos, pero procuro que sea ella quien me llame, ya que estoy casi seguro que ella le confeso a su nueva pareja sobre la relación que tuvimos, porque me da la impresión que su hombre siente celos de mí. ¿Qué te pareció la historia? —¡Usted me ha dejado entretenido, por más de 40 minutos, entre traiciones, incesto y **reconciliaciones.** ¡No voy a olvidar este momento! Ha terminado de contar la historia, justo cuando estoy viendo que se acerca mi amiga. Gracias por hacer entretenido este rato aquí en esta plaza aburrida. Adiós. Me despedí del señor y no volví a saber más de él. **Reflexión**: Es fuerte **ser traicionado,** estando enamorado, así como difícil es tener un amor prohibido. He sabido de muchos casos de incesto y quise contar esta historia, como una manera para que el hombre se llene de valor y diga la verdad sobre la cantidad de hijos que ha tenido con otras relaciones de esta forma no le suceda lo que le paso a este pobre señor, con el que hable en una plaza, durante 45 minutos aproximadamente. El cual quedo marcado de por vida por esa situación que le afecto **psicológicamente.**

Capítulo. XI. Dos historias sobre el sida

Lurdes y sus dos enfermedades letales

Estaba en un cumpleaños que le habían realizado; a una vieja amiga, en casa de mi suegra; eran muchos invitados; entre ellos uno era un político muy reconocido, de mi país; y con un prontuario amplio; de actos de corrupción que muchos sabían, pero quienes estaban allí, callaban; quizás por miedo, o tal vez por ser aduladores de este sujeto. Por otra parte me **llamo** la atención una mujer de unos 40 años, en compañía de un niño; ambos estaban sentados en un mueble; me di cuenta que tanto el hijo como la madre; tenían una profunda tristeza que hasta quienes no los conocían se daban cuenta; el político que conocía a la mujer la invito a bailar como buscando la forma de animarla y sacarla de esa tristeza que llevaba; mientras que el niño, se mantenía sentado en el mueble, mirando de una forma extraña al político; el hombre replico diciendo : — ¡No sé si serán cosas mías Lurdes; pero siento como si tu hijo me estuviera viendo con rabia! —Enseguida el hombre le dijo— ¡Tranquilo niño; que yo no le voy hacer nada a tu madre! Una vez que termino la canción, que los había motivado a bailar; ella fue y se acercó al lugar donde yo estaba; mientras tanto el niño permanecía sentado en el mueble; la dueña de la casa le dijo a la mujer: Lurdes si te parece puedes llevar a tu hijo a uno de los cuartos, para que se acueste a dormir, te lo digo porque el niño pareciera tener sueño y como ya son las 11:30 de la noche... tú me dices. La mujer enseguida se lo llevo a dormir; al rato volvió donde yo estaba para hablar conmigo. Aquella chica creyó que estaba solo; sin una compañía a mi lado; pero había llegado con mi novia; que permanecía en la cocina colaborándole a su hermana; en la preparación de unos pasa- palos. La mujer pretendiendo llamar mi atención; comenzó a crear un tema para hablar, diciendo: — hace calor, **¿no te parece?** Un poco — conteste. —¿tu viniste solo a este cumpleaños? No, vine con alguien; por cierto allí viene. La mujer volteo, y observo a mi novia; enseguida cambio completamente la expresión en su rostro; no supo que decir, para que no se sintiera apenada; le dije —ella es mi novia. —Mucho gusto, **Samanta.** — respondió mi pareja. —Un placer me llamo Lurdes... discúlpenme, voy a ver a mi hijo, que está durmiendo. Se paró de la silla, de inmediato se marchó del lugar, cuando volvió de ver al niño, disimuladamente se fue a otro grupo que estaba en la fiesta. **Fue** más que evidente que Lurdes anhelaba tener algo conmigo; era una chica bastante rubia, pero a decir verdad... no me gustaba en lo absoluto. Según los rumores hubo personas **allegadas** a ella en esa fiesta; diciendo que la causa de su tristeza era porque los médicos le habían **diagnosticado cáncer**. No dije nada al respecto; para no **ser indiscreto;** así que permanecí tranquilo sin **emitir** alguna palabra; bailando con mi novia y compartiendo con algunos de los invitados del lugar.

El cáncer que tenía mi esposa

Tres años después de **esa fiesta**, me case con la que fuera mi novia, un año más tarde, quedo embarazada y transcurridos 9 meses de la concepción, nos enteramos de la triste y dolorosa noticia que **Samanta** tenía cáncer. Fueron casi 6 meses de agonía los que viví con ella, entre la insistencia de mi parte, para que optara por la medicina científica. Mientras que ella a consecuencia del miedo, decide dejarse llevar por terceros; quienes le decían que lo mejor era la medicina alternativa; decisión **que** casi la llevo a la muerte, ya que el cáncer **que** tenía alojado en el útero, paso de estar de grado 2 cuando se lo detectaron, a grado 3, en menos de dos meses, a falta de un grado para llegar al límite! cuando por fin había decidido realizarse el tratamiento de radio y quimio. **Aquel**los días, en una de las veces de las cuales acompañe a mi esposa para realizarse la consulta; observamos que la mujer llamada Lurdes, que habíamos conocido en la fiesta... tenía cáncer de senos; desde hacía ya 4 años; confirmamos enseguida que era verdad lo que rumoraban que esa había sido la causa por la cual ella **estaba triste** y su hijo con un odio; que se notaba entre los que estaban en la fiesta. Nos acercamos donde se encontraba Lurdes, quien conversaba con unos pacientes; **los cuales** ya habían sido atendidos al igual que ella. Nos dijo sobre su cáncer, que a pesar de haberse curado completamente, le volvió a salir otro tumor maligno en el otro seno; pude confirmar por lo que le paso a esa mujer, sobre lo letal de tener cáncer de senos; porque sin importar que el paciente este curado puede reactivarse el cáncer en alguno de los dos senos. Sentí mucha admiración por Lurdes por el optimismo que mostraba; tanto en su comportamiento, como **en su expresión hacia las personas en relación a su enfermedad.**

Tres años después

Mi esposa se sano del cáncer, específicamente en el año 2017. Con el tiempo supimos que Lurdes también se había curado del cáncer, pero... nos enteramos que se había muerto en el 2018 **de sida**.

Conociendo la historia de Lurdes

Lurdes era una mujer de unos 44 años de edad cuando la conocí, **en la fiesta a la que fui invitado.** Había estado casada durante 15 años con un sujeto que tenía una vida de promiscuidad y muchas fiesta a las que ella nunca fue invitada. El sujeto al que ella tanto amaba le transmitió la enfermedad del sida, trece años después de haber compartido con él, su esposo muere y fue en ese momento, que supo que era portadora del virus; ya que el sujeto nunca le llego a decir que estaba enfermo. Lurdes después de llorar por muchas semanas, trato de controlarse, ocultando su resentimien**to y odio** a la vida, sin hacerle ver a aquellos que conocía lo que tenía, **aunque** con el único detalle, que de a poco, las personas que Vivian en el barrio empezaron a informarse, que ella era portadora de la enfermedad. Lurdes se buscó un hombre casado, con el que llego a tener en reiteradas ocasiones relaciones sexuales sin protección, la esposa de este sujeto, también fue infectada, por esta mujer que según rumores también le era infiel al esposo, nada más y nada menos que con aquel político de la fiesta. En total se presume que han sido 5 personas que fueron infectadas de sida, sin incluir la esposa del político; de los cuales, aún viven tres. Esta historia pareciera ser sacada de una película de ficción, sin embargo es completamente real. Quise dar un preámbulo sobre la historia de Lurdes **partiendo desde la** fiesta, porque quería hacer referencia **del político** que pudiera estar infectado de esta enfermedad; además de eso, porque tenía una confusión, por no saber cuál era el motivo de la tristeza de Lurdes y su hijo; hubo rumores en **esos** días, de parte de los que estaban en la fiesta; que era solo porque tenía cáncer; pero ahora en la actualidad, descubro que su tristeza no solo era porque tenía cáncer, sino también... porque tenía sida. Lurdes un año antes de morir le había contado a una de sus amigas que ella, mientras hacia el amor con el hombre casado le dijo que tenía sida; sin embargo este por la emoción no le importó y mantuvo relaciones con ella sin preservativos. Desde mi punto de vista yo pienso que esto es mentira, nadie va hacer tan idiota como para caer por un abismo, cuando te han dicho que estas cerca del peligro. Por muchas ganas o calentura **que pueda** haber tenido un hombre. **La** única causa pudiera ser, que este drogado o pasado de tragos. Ojala que el líder político se halla colocado el condón cuando llego a tener relaciones con la mujer portadora del **VIH**, porque si tomo sus previsiones... serian menos víctimas que lamentar. Lo fuerte y triste de la historia de Lurdes, es que pareciera que el destino no le dio una escapatoria que no fuera ... o morir o morir. He sabido que existen personas que se logran salvar de cáncer de seno; también que pueden durar por muchos años si se hacen un estricto tratamiento en cuanto a virus de sida se refiere, pero... ¡dos enfermedades letales juntas! ¡Con una crisis económica severa y con escases de medicina; entre algunas que no se conseguían en aquel entonces; eran los **retrovirales**! Salvar la vida de esta forma...Sería **como una misión imposible.**

Reflexión

En la vida existen personas despiadadas; que partiendo de sus malas experiencias, destruyen a otros sin piedad; por lo general he conocido más casos de mujeres que de hombres, ya que estos usualmente buscan estar con cuanta mujer fuera posible; como una forma de competir entre hombres y sentirse más machos; y muchos de ellos pudiendo estar infectados; algunas veces no lo saben y siguen su vida de promiscuos en cambio en algunas mujeres; cuando tienen el virus VIH Suelen estar con otros hombres con premeditación como una forma de venganza, por todo el mal que han sufrido generalizando la responsabilidad de culpa a todo aquel que represente el sexo masculino; aunque el daño haya sido causado por su anterior pareja. Como lo sucedido con Lurdes. Recuerdo que una compañera de la **Universidad**, que trabajaba en una farmacia donde se entregaban medicamentos **retrovirales;** entre otras medicinas me dijo: que un día estaba despachando medicamentos como era de costumbre y dos mujeres hermosas, que hacían la cola para ser atendidas; muy elegantes, una de piel morena y la otra rubia de ojos azules; parecieran como si fueran modelos de televisión o de esas que vemos todos los días en las revistas de farándulas. Una le dijo a la otra<< bueno amiga... ahora vamos contra el mundo; contra todos los hombres, que por lo general ninguno sirve; para vengarnos por lo que nos hicieron a nosotras>>. La morena, respondió con un poco de rebeldía en sus palabras diciendo <<si amiga... vamos por ellos>> luego de decir estas palabras se acercaron para ser atendidas, y pidieron medicamentos retrovirales. Quede sorprendido de cómo puede haber gente tan cruel en este mundo; que pongan como principio el odio y la **venganza, en vez de la lealtad y el amor**

2 do caso El profesor y la millonaria

Estaba hablando en la Universidad con un profesor de sociología, quien me contaba sobre sus aventuras con mujeres; cuando era joven y apuesto. Me dijo — yo en mi vida he tenido muchas mujeres que eran casadas, divorciadas y mozas muy hermosas, pero eso sí; todas lindas; sin excepción .Le pregunte — ¿usted con tantas aventuras que tenido, nunca ha pasado un susto? — ¿qué tipo de susto? — Me replico. — Bueno... una enfermedad de transmisión sexual, por ejemplo. Te voy a ser sincero; Dios me ha protegido mucho en cuanto a eso; siempre ha utilizado a las personas para que no me suceda algo de lo cual me pueda arrepentir, es más te digo algo; una vez conocí a una mujer; en la facultad de ingeniería, que se sentaba todas las tardes en un cafetín que quedaba al lado de donde yo usualmente solía compartir con unos amigos; era una mujer como de unos 39 años muy alta, rubia de ojos azules , me le acerque para intentar hablar con ella; le guste, o nos gustamos de inmediato; me dijo que yo era muy apuesto, que tenía la intención de salir conmigo a tomarnos unos tragos y luego ver qué pasaba, pero primero íbamos a ir conociéndonos en ese mismo lugar. Le pregunte si era casada, me respondió, que no; que era viuda; su esposo había muerto de viejo . Por lo cual logro heredar una fortuna. En varias ocasiones me llegue a sentar a compartir con esa mujer en ese lugar, nos intercambiamos los números de teléfonos; para ponernos de acuerdo y tomarnos unos tragos, como habíamos acordado unos días atrás. Un día estuve esperándola a que llegara al cafetín pero se tardó y un profesor, amigo mío se acercó, me saludo y me dijo — Te he visto mucho con una rubia muy guapa, estos días, ¿Te gusta mucho verdad? — Me encanta — le respondí. — ¡muy bella la mujer! ¡Tienes mucha razón! — Me dijo. — ¡Claro; yo no me equivoco! ¡Yo se elegir lo que me gusta! — Me dijo— ¡Maravilloso! Te felicito. ¿Quieres que te diga un secreto? , que puede ser que te termine gustando más o te deje

de gustar —Adelante, dime. — Pero... antes me gustaría preguntarte...
¿Esa mujer de casualidad es casada? — me pregunto Le dije — para
mi suerte es viuda y sin compromiso. —¿no te dijo de que se murió
su esposo? Si mal no recuerdo, me dijo que se murió de viejo; jajaja
(risas) es de lógica porque era un viejo— respondí. — te voy a decir la
verdad mi amigo y lo hago porque eres como un hermano para mí y me
preocupas. Antes que te dejes llevar por el deseo carnal. El hombre de
esa mujer se murió de sida, lo sé porque mi esposa trabaja en la clínica
donde lo atendían a él. Ella es doctora. Tenía días observándote, como
me di cuenta que en ningún momento te montabas en el carro de ella,
no te dije nada; pensé que solo sería una simple amistad; **por suerte**
para ti llegue a tiempo de preverte de que cometieras una desgracia.
Yo no sabía que decir, quede impactado; de inmediato me levante de
ahí y me fui con mi amigo a otro lugar; al día siguiente la mujer me
llamaba a mi teléfono, **nunca le conteste** sus llamada; hasta el sol de
hoy que no volví a saber de ella. Solicite cambio de area de trabajo; para
no volverla a ver. Le dije al profesor de sociología lo impresionado que
estaba; por esa experiencia y lo cierto que es...que Dios jamás deja a sus
hijos desamparados. *Reflexión 1*

jamás dudes de la existencia de Dios; él te enviara señales, utilizara
personas, para llegar a ti; pero tienes que estar muy atento y no hacerle
el mal a otro, para que el mal luego no vaya en contra de ti ¡Pendiente
de las señales 2 Dios dijo <<ayúdate que yo te ayudare>> mientras
no estés del lado de lo malo, cosas buenas te vendrán. Cuando era
tan solo un adolescente tuve una experiencia similar a la del profesor
de sociología; la mujer tenía otra infección de trasmisión sexual; justo
cuando iba a tener relaciones sexuales con la joven, hubo una persona
que se acercó a mí; ¡Sin siquiera conocerme! Y me dijo << no estés
con esa mujer sexualmente, porque... ella está infectada de gonorrea>>.
A pesar de que hubo otro que me incitaba estar con ella; **porque me
quería ver afectado.**

Capítulo. XII. Me usas, me gozas y luego me botas

Estaba revisando mi teléfono; en casa de mi madre mientras compartía con ella. Al rato recibí un mensaje de texto de mi amigo Alberto; que trabaja supervisor en un súper mercado .Quería hablar conmigo sobre un problema que le venía afectando desde hacía mucho rato, le dije que estaba bien, que subiera a visitarme, para que habláramos. Llegó y comenzó a contarme .Era sobre una mujer de la cual estaba enamorado, ella tenía 19 años. Le pregunte, que era lo que ocurría con la chica, él me dijo — sucede que yo termine con mi ex novia, que tenía antes, por estar con ella, la que está conmigo; le hable claro, que si quería estar conmigo debía jugársela toda, en el sentido de planificar un futuro juntos; para que eso sucediera ella debía retomar sus estudios .Me respondió que estaba de acuerdo. Nos empatamos y en menos de una semana, ya nos estábamos amando en casa de mis padres; cada vez que nos veíamos, era para liberar todas esas ganas que el cuerpo nos pedía. Yo le dije que me gustaba como me hacia el amor pero también era necesario compartir, hablar, salir al cine. Ella me respondió, que yo lo estaba tomando muy a pecho y no era conveniente que nos vieran en el trabajo junto, mucho menos en otros espacios, ya que no es permitido y a ambos nos podían botar. Le pregunte que si por lo menos me podía presentar como su novio en su casa, de manera que la familia de ella supiera que yo soy su novio. Ella me dijo que no, Si así era la cosa, era mejor que nos diéramos un tiempo, yo le dije ¿porque? ¿Qué paso? ¿Terminamos? Ella respondió —, no terminamos, sino que creo que fuimos muy rápido y en mi casa mi mamá está separándose de mi papá y eso me tiene mal. ¿Entiendes? Le dije entonces ¿es por tu problema familiar? Ella me dijo —no; no es solo eso; son tantas cosas. Ahora explícame tú; que le pasa a esa mujer ¿Porque yo no lo entiendo? Me dice que no tiene tiempo para chatear conmigo, pero cuando tú la vez en las redes sociales ¡Está conectada! Ahora ¡no entiendo! ¡No sé qué hacer! ¡Explícame! Va sonar **gay** lo que voy a decir pero tengo sentimientos. —Le respondí — Alberto lo que te puedo decir son tres cosas**1)** no quiere perder el trabajo.**2)** es que siempre se ha sabido que las mujeres son emocionales y los hombres sexuales, lo que tú estás viviendo es una situación atípica.3) Está atravesando un problema familiar muy fuerte hasta el punto de convertirse su familia en <<**disfuncional**>> y ella no tiene la suficiente madurez para afrontarlo 4) **Puede** ser que te utiliza como paño de lágrimas para desahogar sus penas.5) Puede ser que estés batiendo chicha,<<promiscuidad>> porque si dura horas conectada y no te responde al punto eso a cualquiera... lo pone a dudar 6) si tú eres mal polvo eso también puede ser cuchillo para tu pescuezo, porque lo emocional ellas lo complementan con lo sexual 7) si lo tienes pequeño; existen mujeres que no les gusta jajaja(risas) —¡No, como vas a creer tú? — yo solo estoy descartando hipótesis .En resumidas cuentas lo que tú debes hacer es: **a)** usar tu condón b) disfrutarla y abrirte a nuevas y mejores posibilidades c) Sin ofender, te digo esa muchacha no está a tu nivel; busca una persona que si lo esté d) Un señor me dijo una vez que <<si quieres conocer a tu pareja; debes conocer a **su familia**>> Antes de planificar una relación seria con una persona, hay que estar pendiente de todos esos detalles. —Gracias amigo, me ha aclarado muchas dudas. —Te voy a contar algo que paso en la Universidad cuando trabaje de vigilante. Un día un compañero estaba haciendo mis recorridos como era de costumbre; por todos los pasillos de las instalaciones; Era la 1: 00 de la tarde y no habían casi estudiantes, él se dirigió por un pasillo que siempre estaba solo, era poco transitable; cuando se va acercando más al lugar, se da cuenta que en un rincón había un hombre blanco como de 1; 80 de estatura, en compañía de una mujer blanca también; pero menos alta; de 1; 60 Ambos eran estudiantes de la facultad de ingeniería. El sujeto tenía el pantalón **desabrochad**o y por debajo de las rodillas; él estaba de pie y la mujer arrodillada ¡Haciéndole el sexo oral al sujeto! El, al darse cuenta de la **inmoralidad** que hacían en una institución académica; les grito diciéndoles: ¡Porque están haciendo eso en un área de estudios! Faltando unos 20 metros para estar más cerca al lugar donde ellos estaban; el hombre le eyaculo en la boca y parte de la cara, a la mujer; esta se limpió el semen con un pañuelo que saco de su bolcillo y seguidamente salieron corriendo del lugar .Lo más extraño de todo esto fue, que ambos tomaron rumbos diferentes .Ella se marchó hacia la parada de los autobuses que transportan a los estudiantes y el, hacia la facultad de ingeniería. Decidí seguir a la chica, cuando estaba cerca, a una distancia considerable, se ocultó para no ser descubierto, **luego de un rato observo** bien... **me doy** cuenta ¡Que la muy golfa se estaba besando con quien parecía...era su novio formal! ¿Qué te parece? — ¡Increíble! Pero mi novia no haría eso...—Por si acaso ¡Mándala a que se cepille los dientes, porque uno nunca sabe! Ese día Alberto se fue **conforme, ya con mejores ideas, de cómo iba a llevar a cabo su plan.**

Capítulo. XIII. Su vanidad es su felicidad

Esta Historia le Sucedió a una anciana de 70 años, que luego de marcharse sus dos hijas morochas del país, quedaría únicamente con su hija mayor, quien por una causa que nadie sabía, sentía gran inconformidad por la vida de pobre, que llevo de joven, pagando sus frustraciones con su madre que el único pecado que tuvo, fue brindarle mucho amor, desde pequeña y hasta ahora que es una mujer de 43 años; con cuatro niños y una **vida clasista**, en la que no le gusta inmiscuirse con personas pobres, mediocres o que según ellas no estén a su nivel. Todo comenzó cuando la hija mayor, a quien llamare en esta historia Lisa; a la edad de 13 años deseaba entrar en una escuela de tenis; que quedaba a 4 kilómetros de donde estaban viviendo. Fue tanta la insistencia de la niña; que su padre, que aún vivía en aquel entonces, reunió todo el dinero, para inscribirla en la prestigiosa escuela; a pesar que el hombre solo ganaba salario mínimo alcanzándole para medio comer. Ya que el sujeto era el único que mantenía la familia. Lisa cuando veía por la calle a las niñas de su edad con ropa de marca decía — ¡Que linda la ropa de esa niña mamá! ¡Qué bellos los zapatos! Todo a simple vista parecía estar bien, se creía que la niña tan solo estaba admirando; como se vestían las otras niñas, aunque todo comenzó a cambiar luego que empezaran las prácticas de tenis. **La envidia de Lisa**: comenzaba a dirigirse a la escuela de tenis. Parecía ir todo bien; la niña más consentida de papá estaba cumpliendo un sueño, que su padre con esfuerzo había logrado. Era poder practicar tenis en una de las escuelas más prestigiosas de la ciudad. Para nadie es un secreto que el tenis siempre ha sido un deporte muy costoso, en el cual, solo practica el que tiene las posibilidades económicas .Los primeros días fueron de mucha alegría; sin embargo, cuando comenzó realizar las practicas, observo que las niñas, que también estaban en la academia; tenían ropas de marca; los mejores zapatos deportivos, las más ligeras y mejores raquetas y no solo eso, sino también llevaban suficiente dinero para comprar en la cantina, todo cuanto quisieran. Lisa en cambio la mamá tuvo que pagarle a una costurera para que le hiciera la ropa, porque el papá no tenía dinero para comprarla, los zapatos **deportivos** eran los más económicos que había en la ciudad y la raqueta era de la peor calidad que había en el mercado. Desde el primer día Lisa ya se sentía insatisfecha, no entendía que sucedía, un día con una mirada inocente le pregunto a su madre, quien la llevaba a la academia—¡mamá quiero que saber una cosa! ¿Porque mi papá en vez de comprarme la ropa, tú tienes que comprar la tela, para mandarla hacer con una costurera? La madre respondió, un poco **dudosa** en decirle la verdad —hija... lo que sucede es que si tu padre te compraba la ropa, que es exageradamente costosa; no te hubiese podido inscribir en esa escuela de tenis. La niña se quedó callada, sin nada que objetar. La madre al ver que su hija no armo ningún berrinche, creyó dentro su inocente e ignorancia de señora **de campo, que todo estaba** bien; **sin embargo** no fue así. **Lisa** ya siendo una adolescente, empezaba a ir sola a las prácticas de tenis; no le gustaba que su madre la acompañara, e inventaba escusas, diciendo <<**cuando hay practica los padres no deben ir**>> tan solo escusas para que la señora no fuera. Pero un dia su madre llego **al lugar sin avisar,** para sorpresa de la madre las gradas estaban llenas y los padres de las deportistas; estaban en los puestos de primera fila. La pobre señora, dándole el beneficio de la duda a su hija; pensó <<**eso seguro fue porque de repente permitieron que entraran los representantes al lugar**>> la hija apenas la vio estaba muy furiosa, mirando a su madre con odio y desprecio. Era evidente lo que estaba sucediendo. Lisa no solo envidiaba la ropa y zapatos de marca que llevaban sus compañeras, sino también a los familiares de sus compañeras, que los representaban; unas familias con un vestir y hablar elegante, en su mayoría de piel blanca. Lisa sin embargo es blanca, por su padre, pero su mamá es negra **pelo afro**; esto era otra de las cosas por las cuales ella sentía desprecio por el ser que le dio la vida. Esta escena de molestia sucedió cuando Lisa tenía poca edad. Lisa mientras estuvo en la academia de tenis conoció a un hombre muy guapo de clase media, con el que tuvo un niño y justo en el momento de quedar embarazada la familia del joven, comenzó a despreciarla botándola de la casa, diciendo que ella por ser clase pobre no era digna de estar con su hijo y además de eso debía estudiar y no quedarse en la mediocridad, como de seguro lo haría ella. Lisa le dio tanta indignación todo esto que no volvió a dirigirse a la casa de su suegra y como castigo los padres de Lisa **hicieron lo mismo** con el sujeto que tanto amaba a su hija como castigo negándole la entrada de casa.

En la actualidad

Pasaron muchos años ahora Lisa tiene 43 años su padre falleció hace 10 años, cuando Lisa trabajaba en otro **Estado del país, de** odontología; profesión que le permitió sobrevivir y subir su estatus como siempre lo había deseado. Tiene 2 hijos de los cuales cada uno tomo su rumbo .Su madre a sus 73 años los problemas de salud le están afectando; la mamá la llamo para que cumpliera su rol de hija; llevándola al médico, ya que las morochas están fuera del país y la pobre anciana no se vale por sí misma. Lisa a pesar que la madre le financiara su carrera con la pensión que heredó de su difunto esposo le dijo <<yo no tengo tiempo para usted, así que ni me llame ni me busque; yo no me quiero calar los achaques suyos>>.Esta historia la he llevado a reflexión, luego que la anciana me pidiera el favor de comprarle unos medicamentos en una farmacia que queda a un kilómetro de donde vive .Ahora las preguntas que yo le hago a **las personas** son ¿porque Lisa teniendo el amor y la entrega de su madre decide despreciarla y aborrecerla?¿Será que la maldad la lleva en la sangre?¿Será que se llenó de odio por tanto desprecio y miseria? **O ¿será que su vanidad es su felicidad?**

Capítulo. XIV. Belleza ...Talento

Una mujer hermosa e inteligente, vivía en un barrio normal. Era la menor de 7 hermanos. No solo se **mostraba** bella, a decir verdad y sin que me quede nada por dentro, a sus 20 años ¡**Fue** la más bella del barrio! Y no me refiero a un barrio pequeño ¡Era un barrio grande! ¡Rodeado de mujeres lindas! A esta persona la llamare Yuli. Su madre **trabajo duro** para sacar a sus hijos adelante, no se puede negar que la mamá de joven era guapa ¡De alguien debió salir así de hermosa la hija! Aunque hay un gran detalle; que no puedo dejar pasar y es que la mamá tuvo sus 7 hijos con hombres diferentes. Su madre, solo por ser una mujer bella; tenía una altivez que nadie se la quitaba. Su hija Yuli también **fue** así; como dice mi esposa <<lo que se hereda no se hurta>>

Yuli, le decía tanto a su madre como a algunos vecinos: ¡Yo no soy mujer para estar con hombres de barrio! ¡Yo nací para estar con gente de plata! ¡No me merezco vivir en la mediocridad! Y pare de contar, lo que Yuli en su mundo de frustraciones decía. A diferencia de su madre Lucrecia; que el único requisito que buscaba de un hombre fue **que debía ser fuera** un Galán; sin importar, que este no tuviera en su cartera un centavo. Yuli, en cambio buscaba los dos requisitos: que fuera atractivo y que tuviera mucha plata. Yuli decía que sería **una** profesional, bien sea en su país Venezuela o en Los Estados Unidos .Logró su objetivo fuera del país ¡Increíble! pudo conquistar el corazón de un hombre de buena posición económica; de clase alta ¡Hasta atractivo era el tipo! se fue Para (USA) a estudiar **Derecho.** ¿Dónde consiguió a la víctima? No **sé** como lo hizo; lo que sí sé es ¡Que esa mujer estaba como le daba la gana! Yo, a decir verdad tenía sueños húmedos con ella. En parte está bien que aquel tipo se la llevo, ya que estaba incansable para mí; ¡Odio las mujeres soberbias y arrogantes! Yuli estudio varios años **Leyes,** después que se graduó y comenzó a valerse por sí misma dejo al hombre; con el tiempo supe que el tipo estaba como un idiota, lloraba de despecho, según contaba la señora Lucrecia; ¡una vieja súper criticona! Que Le encantaba destruir con su lengua a los demás, no se miraba su trasero. Fue pasando el tiempo, Yuli llevaba casi tres años trabajando incansablemente **en (USA)** de abogada y en ese mismo tiempo, logra comprarse un apartamento ¡Era el apartamento! En la capital, en una de las zonas más bonitas de Caracas. Sucedió una tragedia que le **quito** la vida a **Yuli.** Tuvo un accidente automovilístico, en el cual ella conducía, chocando con otro vehículo. No dejo hijos; su madre tuvo que dirigirse a Caracas para tomar posesión del inmueble posteriormente que hicieran los preparativos para su entierro ¡En USA! Ya que según la señora era muy costoso traer el cuerpo a Venezuela. La señora Lucrecia duró 6 meses viviendo en el Inmueble. No pudo seguir cubriendo los gastos de los servicios, como luz agua y gas, así que no le quedo de otra que venderlo muy por debajo del precio que costaba y volvió a vivir muy cerca del barrio en el que residía antes. La casa donde vivió anteriormente con todos sus hijos, la vendió a su hijo mayor. La reflexión que hago con respecto a esta historia es:1) la soberbia no nos conduce a nada, la humildad nos hará cada vez más grande en **cambio** la soberbia nos llevara al abismo 2) Jamás se nos puede olvidar de dónde venimos, quienes somos y que éramos antes de estar donde estamos. Hace muchos años cuando tenía 22 años estaba leyendo un libro de psicología, el **cual hacía referencia a la belleza física;** de como influía para que una persona pudiera escalar posición, en lo que respecta a cualquier ámbito social que se le presente. A diferencia de las personas que carecen de esta cualidad, estos deben esforzarse mucho más a nivel intelectual para poder ser visto por los demás o ser tomados en cuenta 3) Hablando de la altivez: una vez un amigo me contó una moraleja sobre un piloto, un Científico y un niño; que se encontraban en una avioneta que perdía el control y estaba a punto de caer, el piloto les dice a los únicos dos pasajeros: ¡Nos vamos a estrellar y solo hay dos paracaídas! ¿Qué hacemos? El científico contesta ¡Yo no sé ustedes; pero el mundo me necesita¡ Soy un científico ¡Debo vivir! Tomo un bolso y se lanzó al vacío. En ese momento, **el piloto le dice al niño:** ¡Anda niño...ve y sálvate tú! y el niño le responde: tranquilo señor; ¡vamos a salvarnos los dos! El científico se equivocó de morral, lo que hizo fue tomar mi bolso. Si bien es cierto, lastimosamente muchas veces la sociedad por **lo general tiene** el criterio que, si tú no cumples con los estándares de belleza... puede que no tengas las mismas oportunidades, que aquel que si las tiene. Aunque no es menos cierto que si tu humildad no va de la mano con esa cualidad; los golpes de la vida te darán tan fuerte, que con **el tiempo te darás cuenta lo equivocado que estabas.**

Capítulo. XV.3 suicidios

1)El Albañil y la que trabajaba en un supermercado

Al principio todo iba de maravilla. Comenzaron a vivir en una humilde casa, para ese entonces eran muy felices sin importar lo poco que pudieran tener. Vivian en un rancho. El hombre era el que corría con los gastos de ambos, mientras que la mujer estaba **pendiente** de los quehaceres del hogar. El humilde y honesto sujeto, al que llamaré cariñosamente Walker, a sus 25 años se desempeñaba como albañil. Transcurría el año 2008; eran tiempos en los cuales el poder adquisitivo de los trabajadores no se veía afectado por hechos irregulares de corrupción masiva; sin dejar de negar sobre su existencia; **pero** como las divisas que entraban por motivo de la venta de petróleo; eran tan altas; no se notaban de forma desmedida los focos de corrupción masiva. Los contratos de albañilería estaban marchando a la perfección. **Walker** compraba la comida, al tiempo que buscaba los materiales necesarios para construir su casa; aunque no puedo negar que hubo casos de personas que el gobierno le otorgaba todos los materiales y a su vez financiaban la mano de obra a quienes recibían el beneficio. Años después las exigencias de fabricación de los inmuebles fueron cambiando; algunas pocas casas le pagaban la mano de obra y otras eran de autoconstrucción; es decir que las personas con sus propios recursos económicos debían pagar los albañiles encargados de construirlas, o si el beneficiario se sentía en condiciones de hacerla; también se lo permitían; eso sí; el diseño jamás podía cambiar y generalmente era supervisado por un ingeniero. Para el año 2012, la casa de Walker estaba lista; sin financiamiento del gobierno. En aquel tiempo; por desgracia para muchos venezolanos, empezaba a **mermar** los trabajos. La moneda nacional estaba muy devaluada a consecuencia de la inflación. Los materiales necesarios para la construcción como: el cemento y la cabilla, eran vendidos a países como Colombia por medio del contrabando de extracción, en algunos casos por particulares en otros por militares de alto rango corruptos. Los productos antes mencionados se vendían hasta 100 veces más del valor que solía costar en el territorio venezolano. La ineptitud del gobierno se hacía notar, ante esta situación que dé inicio no sabían cómo hacer para controlarla. Esto provocaba que hubiese escasez del producto y los que desempeñaban el oficio de la albañilería; no tuvieran la materia prima necesaria para fabricar. Esto lo sufrió Walker y su esposa, que era la única persona con la que contaba. Estaba preocupado. Sin embargo una vecina le dijo a la mujer, si estaba interesada para que trabajara en un súper mercado. Al principio a Walker no le pareció la idea, pero ella al ver como estaban de complicados; se impuso ante la negación de su esposo. Ella fue a la casa de la mujer, le dijo: —sí; acepto. Mañana mismo iré. Quince días después, la situación comenzaba a normalizarse de cierta forma. Ya por lo menos había comida. Aparentemente todo marchaba bien, su mujer mantenía la casa; mientras que el cuidaba la niña en algunas ocasiones, en otras, se quedaba en casa de la suegra de Walker; que le permitiera buscar algún trabajo, **que lo** sacara del aprieto en el que se encontraba. Pasaron 4 años y Walker estaba igual de complicado, estresado porque no sabía qué hacer. Los trabajos ya no eran tan constantes como antes, él no quería trabajar otra cosa; como muchos que llegue a conocer; no deseaban desempeñar otros oficios de los cuales nunca llegaron a realizar; quizás por miedo o por inseguridades. La esposa de Walker comenzó a cambiar; ya no era aquella dulce mujer de la cual él se enamoró años atrás y según contaron, tenían 6 meses aproximadamente en los que no llevaban **relaciones sexuales**. Poco a poco fue sacando sus cosas de la casa y llevándola al domicilio de su madre; cuando ya no tenía nada que buscar, lo llamo a su teléfono y le dijo <<**esto se terminó, tú y yo no vamos a llegar a nada, es mejor que dejemos las cosas hasta aquí**>>. Walker cayó en una depresión tan fuerte que se encerró en su casa. A la semana los vecinos sospecharon que algo estaba mal; porque había un olor desagradable que emanaba de su inmueble; llamaron a las autoridades, cuando estos fueron y abrieron la puerta, se **percataron** que Walker estaba colgado del techo con un mecate que había colocado previamente en su cuello. Estaba en **estado de descomposición** Muchos vecinos al saber esta lamentable noticia, lloraron, **porque era muy querido pos sus vecinos.**

Reflexión:

Si estamos con una persona que está atravesando una situación económica difícil y esta persona, en un pasado se entregó a ti, en cuerpo y alma; no seas desleal y págale de la misma manera, porque de lo contrario... **lo mismo que tu hagas en esta vida; te lo harán a ti.**

Segundo caso:

No creas en amores de putas, ni amistades policías

Mis tíos me decían mucho eso; **con el debido respeto a los funcionarios policiales**, que desempeñan tan heroica y difícil función, como lo es mantener el orden social; donde corresponda; en cada país del mundo; por otra parte sin tener la más mínima intención de discriminar a las trabajadoras sexuales, mejor conocidas hoy en día, como <<damas de compañía>> que le brindan felicidad sexual a los hombres; <<**aunque a algunos no les guste** >>. Este pensar que ha sido muy popular en mi país, lo traje acotación, para referirme a esta historia, que trata de un joven de 20 años de clase pobre, en ese momento enamorado perdidamente de una mujer, de la mala vida. Cometiendo el peor error de su vida, luego de que ella tomara una decisión irrevocable. Este lamentable suceso aconteció en el año 2013, sin embargo me remontare al año 2010, que fue cuando se conocieron. Todo comenzó un día que el joven Javier, salió a una discoteca, con unos amigos, **al terminar** su jornada de trabajo. Javier se desempeñaba atendiendo a las personas en una librería, como era soltero, sin ninguna obligación, más que él y su madre; lo que ganaba le alcanzaba, para colaborar en su hogar, así como también pagar los gastos de la Universidad pública; donde estudiaba y de vez en cuando salir **a tomarse unas cervezas** con sus amigos. En el año 2010 la crisis aún no se hacía sentir en **Venezuela**. Ese día Javier fue con sus amigos a una discoteca y luego de estar un rato bailando, observo a una ¡Hermosa mujer! Según contaron sus amigos; la chica era la más linda de todas, las que estaban en el lugar, una rubia, ojos verdes, con el único detalle que tenía los senos hechos...<<con respeto de aquellas damas que les encantan sus senos postizos>>. Javier se aproximó dónde estaba la muchacha, tenía 23 años. Para lo joven que era, parecía notarse en ella; una mujer de mucho recorrido, con más experiencia, seguridad y determinación que Javier. Esa fue una de las cosas por las cuales se **enamoró más**. Cuando se acercó, extrañamente, no estaba acompañada de hombres, sino puras mujeres, unas de más edades que otras, a sus amigos les pareció extraño la situación, **aunque** no quisieron decir nada, para que él no fuera a pensar que lo decían por envidia; así que lo dejaron que charlara con **la chica**. Al rato llamo a sus amigos, para presentarles a las féminas, cuando se acercaron se dieron cuenta que las 4 damas tenían una mirada **atrevida**, exageradamente sensual, ellos afirmaron que... si en aquel momento tuvieran la experiencia que tienen hoy en día, automáticamente dirían... que eran unas golfas. Se pusieron hablar, tomaron unas cervezas y bailaron por mucho rato. Duraron hasta las tres de la mañana en el lugar. A los días, Javier empezó a aislarse de sus amigos, para reunirse con la chica que le había **gustado.** Los jóvenes no le dijeron nada, porque estaba muy encaprichado. Con el tiempo, ya había llevado **a la mujer a vivir** en la casa de su madre, quien por tenerlo a él como único hijo... le permitía todo lo que él quisiera.

Una verdad muy dolorosa para Javier

Algunos dicen que, si tu pareja te dice la verdad, así duela muchísimo, es porque esta persona te ama y eso fue lo que le dijo la mujer a Javier <<la verdad>> que era una prostituta. Si él quería que ella fuese de él; en cuerpo y alma debía saber su pasado. Javier llego destrozado a la casa de uno de sus amigos contando lo ocurrido; le preguntaron —¿Qué piensas hacer Javier? —Javier respondió—la voy aceptar tal y como es, porque ella me acepto tal cual como soy, sin mirar si tenía millones en mi cuenta, o simplemente por saber que soy lo que tú sabes que soy... un muerto de hambre, que no tiene donde caerse ni vivo ni muerto. Dime tu donde me voy a encontrar una hembra como esa...ni volviendo a nacer la tendría; porque soy pobre. A su amigo no le pareció, y **sin poder decirle** nada que lo pudiera enfadar, `ya que estaba **enamorado y** cuando eso pasa, es peligroso, como decía mi abuela <<se embrutecen>>Javier dejo de estudiar, trabajaba prácticamente día y noche; ya no compartía con nosotros, estaba locamente enamorado, tanto así ;que le dedicaba tiempo completo más a ella; que... a su madre... la **que le dio la vida.**

Año 2013 explota la crisis en mi país Las cosas comenzaron a complicarse, para Javier y su pareja. El dinero se **devaluaba,** aunque desempeñara dos trabajos no podía mantener los lujos **de la vanidosa de su novia;** Javier estaba adelgazando de una manera impresionante, sin embargo no se rendía, luchaba por ese amor que sentía por la chica, ¡Que había conocido en la discoteca! Javier fue muy fuerte, **durante el 2013.**

El año 2015. El fin para Javier

La mujer ya comenzaba a salir escondidas, había perdido todo el respeto que tenía a por **javier**, porque no estaba acostumbrada a vivir en la miseria. Un día cuando Javier regresó del trabajo a su casa, su pareja ya no estaba, recogió sus cosas y se largó, dejándole una nota que explicaba en cierta forma el motivo de su partida: Lo siento Javier, te quiero mucho, pero vivir en la miseria no es lo mío, tu sabes que cuando me conociste era lo que era porque... odio la pobreza y amor con necesidad... no dura. Te amo y nunca olvidare todo lo bonito que viví a tu lado. Volveré a la vida que antes tenía, ya que no soporto estar así. Fue una de las líneas que sus amigos recuerdan de la carta: la cual el llorando enseño. Después de eso, no volvieron a saber de él, hasta la semana siguiente... que se suicidó.

Reflexión:

Una vez un señor me dijo una moraleja de una tortuga y un alacrán. El alacrán quería cruzar un rio y la única forma de hacerlo, era con ayuda de una tortuga, entonces le dijo —a la tortuga— Tortuga... ¿Me podrías ayudar a cruzar el rio? — La tortuga le responde —no, porque si te ayudo, después que crucemos tomaras ventaja sobre mí y me atacaras. — No tortuga, no lo hare, te prometo... que jamás te hare daño —Está bien, confió en tu promesa— contesto la tortuga. La Tortuga permitió que se subiera sobre su fuerte y duro cascaron; rumbo a la otra orilla. Cuando llegaron; una vez que el alacrán vio que estaba seguro; en tierra firme, ataco sin piedad a la Tortuga y esta le dijo— ¡Ay! ¿Por qué lo hiciste? ¡Si lo habías prometido! La Tortuga contesto — lo siento... pero es mi naturaleza. Con esta moraleja pretendo dar a entender, que hay personas en las cuales por mucho que estén dispuestas a cambiar, después que dan ese paso... si se encuentran en situaciones de dificultad... reinciden en lo que eran antes. Algunos dicen: <<el que es nunca dejara de ser>> yo digo, que en algunos casos es relativo, pero se debe tener actitud y fuerza de voluntad para **mantenerse firme en tiempos de dificultad. Aunque esta historia refiere a una dama de compañía, he sabido de casos de mujeres venezolanas (profesoras, arquitectas, ingenieras, psicólogas y hasta abogadas, que pudiendo ganarse la vida honradamente en Colombia, luego de inmigrar a ese país, prefirieron dedicarse a la prostitución, porque según les era mas rentable.**

Tercer caso: la familia conformada por 5 personas

Martin fue un hombre **que Trabajaba en** una empresa; era una persona de piel morena. **Mantenía** una relación de muchos años. **Conocí** a su mujer, hermosa, en sus tiempos de Mosa, estaban **enamorados**. Esa **relación estuvo unida desde** que la chica tenía tan solo 17 años, se apoyaban mutuamente; con el único detalle; que después de casarse <<Muy joven la mujer>> el asumió la responsabilidad, de trabajar por la familia; para aquel entonces <<El Negro>> como lo apodaban, a sus 26 años había empezado a trabajar en una empresa que pertenecía a una transnacional; **Martin ganaba bien.** Fueron pasando los años, comenzaron a tener hijos. Como se notaba la abundancia en mi país, en ese entonces; específicamente en el año 2005 a 2006, la confianza del negro y su bella mujer, estaba latente; tenían carro casa y un buen empleo que les permitía sentirse seguros para procrear. Desde el 2006 al año 2009, concibieron 3 hijos; todos eran morenos; mucho más **claros** de piel que su padre; claro como la chica es blanca; **fue posible que los niños mostrase**n una **diferencia de color de piel**.

Año 2016 -2017

Fue un año terrible para muchos venezolanos. Empresas privadas y públicas comenzaban a cerrar; pues la crisis los estaba acorralando; a tal punto que se declaraban en quiebra: una de esas empresas fue en la que trabajaba el **negro,** donde cerraron definitivamente sus operaciones laborales en Venezuela, liquidando al trabajador, conforme el tiempo que había **laborado.** El negro llevaba mucho tiempo en la empresa; pero la moneda venezolana se estaba devaluando, de tal forma que si no se hacía uso del dinero con la mayor rapidez posible, **no era seguro guardarlo,** porque ya no valía nada. Aquel pobre hombre y su esposa; no sabían que hacer; si irse del país, como estaban haciendo miles de venezolano, o utilizar todo esa plata para gastarla en comida; mientras conseguía un trabajo que le permitiera seguir manteniendo **a su familia**; como antes. Muerto de miedo opto por la segunda opción, teniendo una fe a ciegas en su país, de que esta lamentable crisis económica se iba a solucionar y conseguiría **un buen empleo nuevamente**. El negro compro mucha comida, sin embargo, esta no llego a alcanzar lo suficiente para dos meses , sino para un solo mes; por el hecho de que se acercaba la época de comprarle los uniformes a los niños; que eran <<**tres**>>. Entre zapatos, camisas pantalones y útiles escolares se le fue más de la mita de la liquidación que le habían dado en la empresa. El Negro, **callo** en la desesperación, no sabía qué hacer, había pasado un mes y no conseguía empleo ; no era persona de pedir en la calle; como logre ver a muchos padres de familia hacerlo, en los transportes públicos, porque ¡sus hijos se morían de hambre! Comenzó a faltar la comida; hasta que una noche **entro en la desesperación**; tomo el vehículo que tenía en el garaje; busco una manguera gruesa, que calzara en el tubo de escape, la coloco dentro, específicamente donde estaban los asientos, subió los vidrios y prendió el carro, **dejándolo únicamente encendido**, sin moverlo a ningún lado. Se quedó dentro inhalando el aire contaminante, hasta que murió. Al día siguiente su esposa, observo el vehículo que aún permanecía encendido viéndolo dentro; sin ninguna esperanza de vida. La mujer no tuvo otra opción, más que vender el vehículo, para pagar la funeraria y los gastos que ocasionara; luego dejo sus hijos en compañía de su madre. Se marchó del **país, para trabajar duro y así poder comprarle todo lo que requerían.**

Reflexión:

La desesperación del pobre hombre era tanta **y no se** dio cuenta, que tenía una posibilidad; que **pocos tuvieron; era** vender el carro e irse del país, la opción que dé inicio pudo haber llevado a cabo; **sin embargo** no lo hizo. Aún sigo sin entender porque no considero esa posibilidad ... antes de acabar con su vida y dejarle esa responsabilidad solo a aquella pobre mujer. **Yo admito que si hubiese estado** en esa situación; ¡de tener 3 niños! Pero... sin un carro o nada que vender; pararía a loco y quizás... <<acabaría con mi vida>>. Por eso es que admiro tanto, a las mujeres que son guerreras; una vez alguien me dijo: <<Las mujeres somos frágiles físicamente, pero fuertes, valientes y audaces espiritualmente... cuando se trata de cuidar nuestros hijos>>. Pero hay hombres que somos cobardes en tales situaciones; como este relato. Caemos en la desesperación y no actuamos **como deberíamos actuar.** Estuve en una parada de autobuses y escuche a un hombre, de unos 26 años, hablar por teléfono, con la que me pareció ser su pareja y esta le decía : ¡La niña tiene hambre, no sé qué hacer, me pide más comida! . El hombre le respondió <<dale dos vasos de agua y léele un cuento para que se le olvide todo>>. Me dio tanta tristeza, al escuchar esa situación... que me dieron ganas de llorar. No voy a negar que en mi familia, conformada por mi esposa y un hijo, nunca nos llegamos a acostar sin comer, porque en aquel entonces estaba trabajando la mecánica automotriz con mi hermano y ese oficio, gracias a la crisis en aquel tiempo y aun en la actualidad; está siendo muy cotizado, debido a que el mecánico cobra en función a lo que cuesta el repuesto y como el repuesto es importado, porque no es fabricado en Venezuela; es muy costoso. Mi hermano decía: <<Wilber se debe cobrar así... porque si dañamos ese repuesto, lo tendríamos que pagar nosotros>>. Eso era totalmente cierto, ya que una vez me **sucedió a mí, que por mi negligencia** partí la tapa válvula de una camioneta Ecospor ¡ Me tarde dos meses para pagarla! Alimentándome de la peor manera, para poder reunir todo el dinero; recuerdo que costó 40 dólares, en otro país tal vez no sea nada, pero en Venezuela en esos años era bastante dinero.

Conclusión

No hay mucho que explicar; porque **todo está argumentado**; solo le pido a Dios desde el fondo de mi corazón; salir de esta horrible pesadilla en la que nos encontramos los venezolanos que **no estamos enchufados;** que no ponemos el ojo en lo que no nos pertenece; o simplemente viven el día a día; trabajando fuertemente por mi Venezuela; para que cada día sea mejor. En este libro he demostrado que no estoy ni a favor de un partido político; ni de otro. **No apoyo al malandro que esta de civil y sale a la calle a hurtar, robar y matar al ciudadano común,** que humildemente sale a trabajar; todos los días o el nuevo malandro; ese que ahora se hace llamar (**Pran**) un líder criminal; nacido en revolución; que su principal trabajo es extorsionar al empresario; en la actualidad este grupo delincuencial está teniendo una guerra continua con un grupo de exterminio llamado el (FAES). Y por último; mucho menos apoyo al malandro cuello **blanco;** que no es otro que el político deshonesto; creo que este último es el peor de todos; ya que teniendo el poder para mantener el orden; la justicia y la paz social; lo que hace es enriquecerse; con dinero proveniente del mal; sin importar el daño que pueda causar a la sociedad. Cerrare esta conclusión; con dos mensajes que decía Una persona; la cual fue muy querida en Venezuela, **llamado Renny Ottolina,** en una entrevista; que le hicieran; como candidato a las elecciones presidenciales; refiriéndose a la gente pobre; en el que decía:<< **de cuándo acá el ser humilde autoriza a faltar a la ley**>> <<no quiero el voto de flojos; ni de holgazanes; ni de vivos. **Se lo regalo a los políticos**>>.

Acerca del autor

Poeta; abogado y escritor. No me pregunten de dónde **vengo;** porque mis historias de todos los libros que he realizado, me comprometen; por el simple hecho de ser reales y algunas más delicadas que otras. Mejor pregúntenme a donde voy; ya que es **mucho lo que pienso dar y es grande lo que quiero hacer.**

Nota

Don't miss out!

Visit the website below and you can sign up to receive emails whenever wilber Montoya publishes a new book. There's no charge and no obligation.

https://books2read.com/r/B-A-JUBP-PSUEC

BOOKS 2 READ

Connecting independent readers to independent writers.